Impressum
Verlag: BABADADA GmbH, Nedderfeld 112 , 22529 Hamburg
Geschäftsführer / Verlagsleitung: Harald Hof
Druck: Books on Demand GmbH, In de Tarpen 42, 22848 Norderstedt

Imprint
Publisher: BABADADA GmbH, Nedderfeld 112 , 22529 Hamburg, Germany
Managing Director / Publishing direction: Harald Hof
Print: Books on Demand GmbH, In de Tarpen 42, 22848 Norderstedt

སློབ་གྲྭ

school

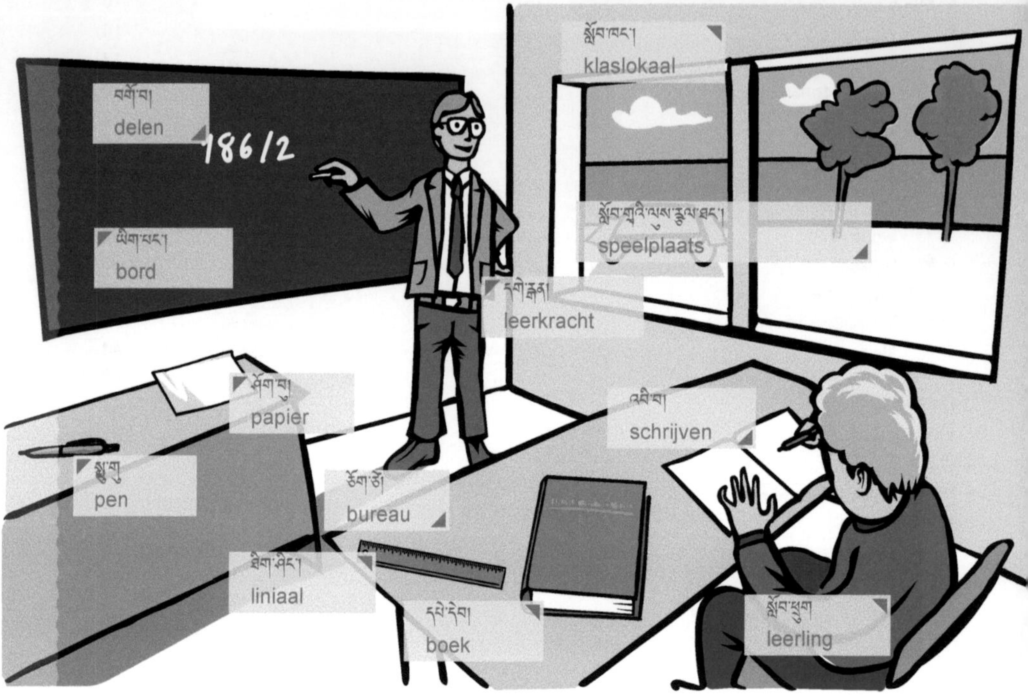

སློབ་ཁང་།
klaslokaal
བགོ་བ།
delen
186/2
ཡིག་པང་།
bord
སློབ་གྲྭའི་ལུས་རྩལ་ཐང་།
speelplaats
དགེ་རྒན།
leerkracht
ཤོག་བུ།
papier
འབྲི་བ།
schrijven
སྨྱུ་གུ
pen
ཅོག་ཙེ།
bureau
ཐིག་ཤིང་།
liniaal
དཔེ་དེབ།
boek
སློབ་ཕྲུག
leerling

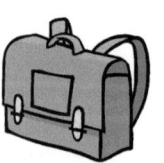

དཔེ་ཁུག

schooltas

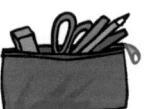

སྨྱུག་སྒམ།

pennenzak

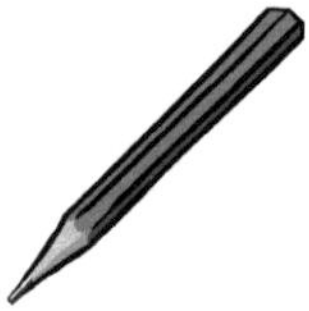

ཞ་སྨྱུག།

potlood

གཞོག་གྲི།

puntenslijper

འཕྱིག་གསུབ།

gom

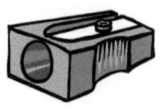

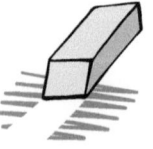

འབྲི་པང་།

tekenblok

རི་མོ།

tekening

ཚོན་པིར།

verfborstel

རྒྱུ་སྣུམ།

verfdoos

ཇེམ་ཚེ།

schaar

འབྱར་སྤྱི།

lijm

སྦྱོང་བརྡར་སློབ་དེབ།

werkboek

ནང་སློབ།

huiswerk

12

ཨང་གྲངས།

nummer

2+2

སྦོན་པ།

optellen

5-2

འཐེན་པ།

aftrekken

2×2

སྒྱུར་བ།

vermenigvuldigen

རྩིས་རྒྱག་པ།

rekenen

A

ཡི་གེ

letter

ABCDEFG
HIJKLMN
OPQRSTU
VWXYZ

ཀ་ཁ་

alfabet

hello

ཚིག

woord

ཡིག་གཞི།
....
tekst

 སློག་པ།
....
Lezen

ས་སྲ་བ།
....
krijt

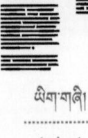

སློབ་ཚན།
....
les

དེབ་གཞུང་།
....
klassenboek

ཡིག་ཚད།
....
examen

ལག་ཁྱེར།
....
certificaat

སློབ་གོས།
....
schooluniform

སློབ་གསོ།
....
onderwijs

ཤེས་བྱ་ཀུན་བཏུས་དེབ་ཐེབ།
....
encyclopedie

སློབ་གྲྭ་ཆེན་མོ།
....
universiteit

ཕྲ་མཐོང་ཆེ་ཤེལ།
....
microscoop

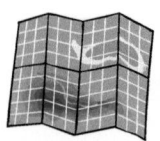

ས་ཁྲ།
....
kaart

གད་སྙིགས་སློད།
....
papiermand

མགྲོན་ཁང་།
hotel

Grand

འགྱུལ་ཁང་།
jeugdherberg

ROOMS

EXCHANGE

བརྗེ་འགྱུར་ལས་ཁུངས།
wisselkantoor

ལག་སྒམ།
koffer

རྒྱུས་འཁོར།
auto

སྐད་རིགས།
Taal

རེད། མ་རེད།
ja / nee

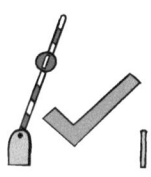

ལགས་སོ།
oké

ཁམས་བཟང་།
hallo

ཡིག་སྒྱུར་བ།
vertaler

ཕྱགས་རྗེ་ཆེ།
bedankt

ག་ཚོད་རེད།
Hoeveel kost …?

ད་གོ་མ་སོང་།
Ik begrijp het niet

དཀའ་ངལ།
probleem

དགོང་མོ་བདེ་ལེགས།
Goedenavond!

སྐུ་རྗེ་བདེ་ལེགས།
Goedemorgen!

མཚན་མོ་བདེ་ལེགས།
Goedenavond!

ག་ལེར་ཕེབས།
Tot ziens

ཁ་ཕྱོགས།
richting

ཅ་ལག
bagage

ཁུག་མ།
zak

རྒྱབ་ཁུག
rugzak

མགྲོན་པོ།
gast

ཁང་མིག
kamer

ཉལ་ཁུག
slaapzak

གུར།
tent

ཐུལ་སྐོར་ཁ་འཕྲིན།
....
toeristeninformatie

མཚོ་ཁའི་གསལ་ཐང་།
....
strand

ཡིད་རྟོན་བྱང་བུ།
....
kredietkaart

ཞོགས་ཟས།
....
ontbijt

དགུང་ས་ཚོ།
....
lunch

དུབ་ཚོ།
....
avondeten

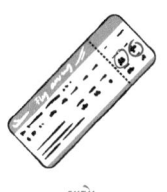

པ་སི།
....
ticket

སྒོག་སྐས།
....
lift

ཐེལ་ཚོ།
....
postzegel

མཐའ་མཚམས།
....
grens

སྒོ་ཁྲལ།
....
douane

གཞུང་ཚབ་ཆེན་མོའི་ལས་ཁུངས།
....
ambassade

མཆན་བཀོད་ལག་ཁྱེར།
....
visum

ལག་འཁྱེར།
....
paspoort

སྐྱེལ་འདྲེན་བྱེད་པ།

transport

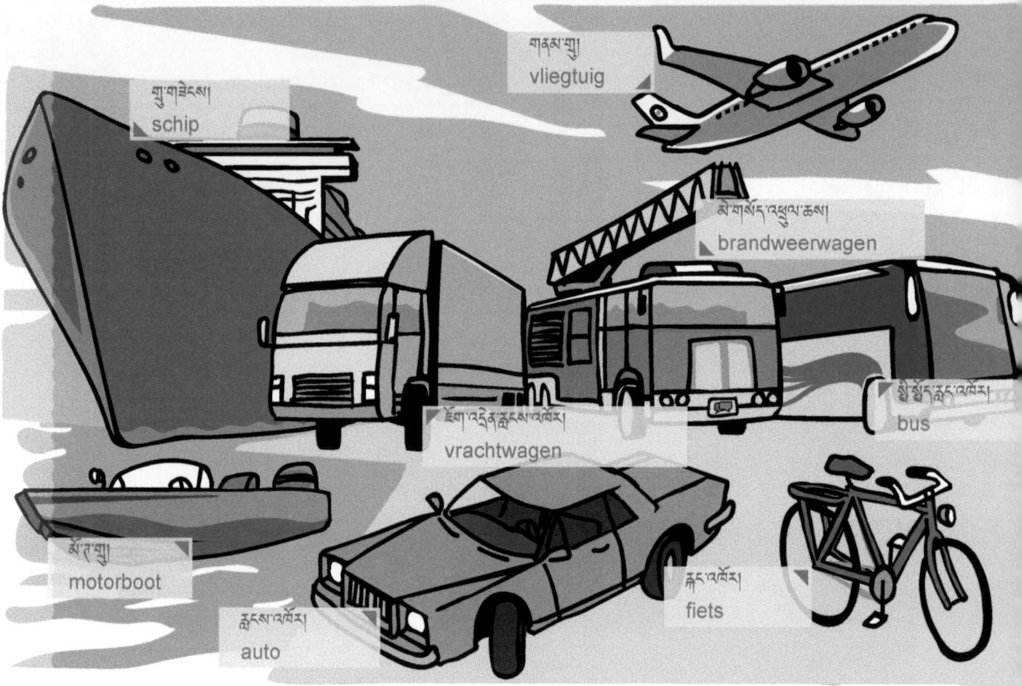

གནམ་གྲུ།
vliegtuig
གྲུ་གཟིངས།
schip
མེ་གསོད་འཁྲུལ་ཆས།
brandweerwagen
སྤྱི་སྤྱོད་རླངས་འཁོར།
bus
ཇོག་འདྲེན་རླངས་འཁོར།
vrachtwagen
མོ་ཏ་གྲུ།
motorboot
རྐང་འཁོར།
fiets
རླངས་འཁོར།
auto

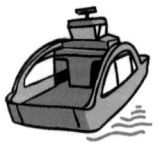

ཀོ་ས།

veerboot

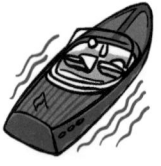

གྲུ།

boot

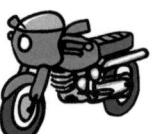

འཁྲུལ་རྟ།

motor

བདེ་སྲུང་སྣུམ་འཁོར།

politiewagen

རླངས་འཁོར་འགྲན་བསྡུར།

racewagen

གླ་འབབ་རླངས་འཁོར།

huurauto

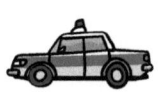

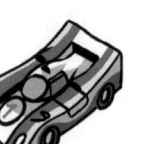

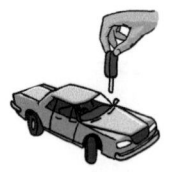

རླངས་འཁོར་བགོ་འགེམས་བྱེད་པ།

carpoolen

འདུད་འཁོར་ཆག་སྐྱོན།

sleepwagen

འདུད་འཁོར།

vuilniswagen

མོ་ཊ།

motor

བུད་ཤིང་།

benzine

རྫས་སྦུམ་ས་ཚིགས།

benzinestation

འགྱིས་འགུལ་གྱི་མཚོན་རྟགས།

verkeersbord

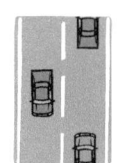

འགྱིས་འགུལ།

verkeer

འགྱིས་འགུལ་འགགས་པ།

file

རླངས་འཁོར་འཇོག་པ།

parkeerplaats

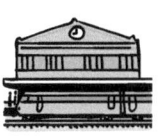

མེ་འཁོར་འབབ་ཚིགས།

station

ལམ་ཚུད།

sporen

མེ་འཁོར།

trein

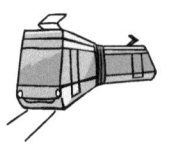

གློག་སྐུལ་སྤྱི་སྤྱོད་ཀྱི་འཁོར་ལམ།

tram

ཤིང་རྫ་འཁོར་ལོ།

wagon

ཧྣ་འཕུར་གནམ་གྲུ།

helikopter

གནམ་གྲུ་ས་ཚིགས།

luchthaven

ལྟོག་ལྟོག་མཁར་པ།

toren

འགྲུལ་པ།

passagier

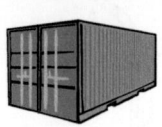

སྦོད་ཆས།

container

སྤོག་སྒྲོམ།

karton

ཤིང་སྒྲ།

kar

གཟེད་མ།

mand

མཚོང་བ།

opstijgen / landen

སྡེ་བ།

dorp

གྲོང་ཁྱེར་གྱི་ལྟེ་བ།

stadscentrum

ཁང་པ།

huis

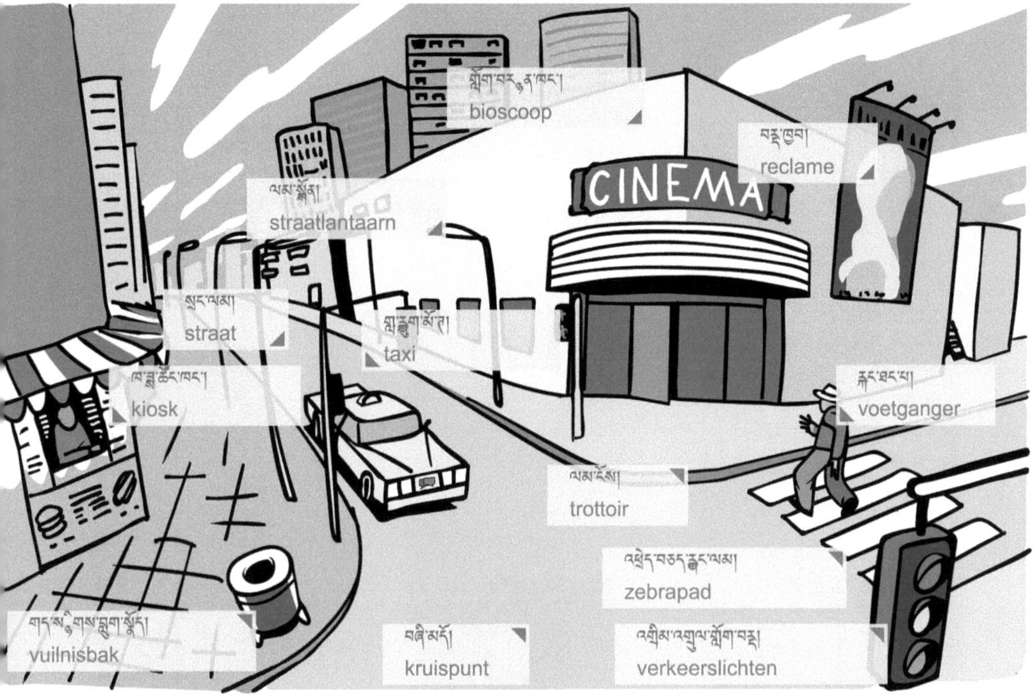
གློག་བརྙན་ཁང་།
bioscoop
བརྡ་ཁྱབ།
reclame
CINEMA
ལམ་སྒྲོན།
straatlantaarn
སྲང་ལམ།
straat
གླ་རྒྱུག་མོ་ཊ།
taxi
ཁ་ཟླ་ཚོང་ཁང་།
kiosk
རྐང་ཐང་པ།
voetganger
ལམ་ངོས།
trottoir
འཕྲེད་བཅད་རྒྱང་ལམ།
zebrapad
གད་སྙིགས་བླུག་སྣོད།
vuilnisbak
བཞི་མདོ།
kruispunt
འགྲིམ་འགྲུལ་གློག་བརྡ།
verkeerslichten

ཁང་ཆུང་།

hut

ཁང་པ།

woning

མེ་འཁོར་འབབ་ཚུགས།

station

གྲོང་སྡེའི་ཚོགས་ཁང་།

stadshuis

MUSEUM

འགྲེམས་སྟོན་ཁང་།

museum

སློབ་གྲྭ

school

སློབ་གྲྭ་ཆེན་མོ།

universiteit

དངུལ་ཁང་།

bank

སྨན་ཁང་།

ziekenhuis

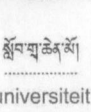

མགྲོན་ཁང་།

hotel

སྨན་སྦྱོར་ཁང་།

apotheek

ལས་ཁུངས།

kantoor

དཔེ་ཁང་།

boekwinkel

ཚོང་ཁང་།

winkel

མེ་ཏོག་ཚོང་མ་ཁང་།

bloemenwinkel

སྣ་ཚོགས་འཚོང་ར།

supermarkt

ཁྲོམ་ར།

markt

སྣ་ཚོན་ཚོང་ཁང་།

warenhuis

ཉ་ཚོང་མ་ཁན།

vishandelaar

ཚོང་ཁང་ལྟེ་གནས།

winkelcentrum

གྲུ་ཁ།

haven

སྐྱེད་ཚལ།

park

རྒྱབ་ཀྱོག་འདུག་སྟེགས།

bank

ཟམ་པ།

brug

ཐེམ་སྐས།

trap

ས་འོག་གི།

metro

རི་སྦུག་ལུགས་ལམ།

tunnel

རྒྱུད་འཁོར་འབབ་འཛིགས།

bushalte

ཆང་ཁང་།

bar

ཟ་ཁང་།

restaurant

ཡིག་སྒྲོམ།

brievenbus

ལམ་གྱི་མཚོན་རྟགས།

straatnaambord

འཕྲོག་སྒྲའི་རིན་ཐིག

parkeermeter

གཅན་གཟིག་ཁང་།

zoo

རྒྱལ་རྫིང་།

zwembad

ཁ་ཆེའི་ལྷ་ཁང་།

moskee

ཞིང་པ།

boerderij

འབགས་བཙོག

milieuverontreiniging

དུར་ས།

kerkhof

ལྷ་ཁང་།

kerk

རྩེད་ཐང་།

speelplaats

ལྷ་ཁང་།

tempel

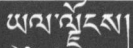

ཡུལ་ལྗོངས།

landschap

ལོ་མ།
blad

ལམ་རྩགས།
wegwijzer

ལམ།
weg

སྤང་ལྗོངས།
weide

རྡོ།
steen

ཤིང་པོ།
boom

རྙིང་ཐང་ཡུལ་སྐོར་བ།
wandelaar

ཆུ་བོ།
rivier

ཀྱ།
gras

མེ་ཏོག
bloem

ཀླུང་།
vallei

རི་བོ།
heuvel

མཚོ།
meer

ནགས་ཚལ།
bos

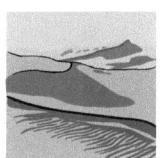

བྱེ་ཐང་
woestijn

མེ་རི།
vulkaan

ཕོ་བྲང་།
kasteel

འཇའ་ཚོན།
regenboog

ཤ་མོ།
paddenstoel

ཏ་ལའི་ཤིང་།
palmboom

དུག་སྦྲང་།
mug

སྦྲང་བུ།
vlieg

གྲོག་མ།
mier

བུང་སྦྲང་།
bijl

སྤྲོ་མ།
spin

སྦུར་རྣག

kever

སྦུལ་པ།

kikker

ཐང་སི།

eekhoorn

ཟེང་མོ།

egel

རི་བོང་།

haas

འུག་པ།

uil

བྱ།

vogel

ངང་དཀར།

zwaan

ཕག་པ།

wild zwijn

ཤ་བ།

hert

རྐྱང་མོང་ཤ་བ།

eland

ཆུ་རགས།

dam

རླུང་གི་འཕྲུལ་ཆས།

windturbine

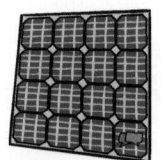

ཉི་མའི་བཞུགས་མོ་ལ་ཚོགས་ཆད།

zonnepaneel

ནམ་ཟླ།

klimaat

restaurant

ཞབས་ཞུ་བ།
ober

ཚོད་ཐོ།
menu

ཀུབ་ཀྱག
stoel

ཐུག
soep

པི་ཙ།
pizza

སྒྲིག་ཆས།
bestek

སློག་རས།
tafelkleed

ཟ་མ་དང་པོ།
voorgerecht

གཙོ་ཚལ།
hoofdgerecht

མངར་ཟས།
nagerecht

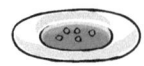

འཐུང་བ།
drankjes

ཁ་ལག
eten

ཤེལ་དམ།
fles

མགྱོགས་ཟས།

fastfood

སྲང་གི་ཟས་ཞིམ།

street food

ཇ་དམ།

theepot

མངར་པོར།

suikerpot

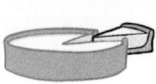

དུམ་བུ།

portie

ཅིག་རྩ་འཕྲུལ་ཆས།

espressomachine

ཆུང་མའི་རྐུབ་སྟེགས།

kinderstoel

རྩི་ཡིག

rekening

ཤིང་སྒྲོལ།

dienblad

ཟ་གྲི།

mes

ཟས་ཚོག

vork

ཞིམ་བུ།

lepel

ཕུར་མ།

theelepel

ལག་རས།

serviette

ཤེལ་པོར།

glas

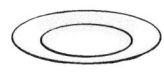

སྡེར་མ།

bord

ཐབ་ཕོར།

soepbord

སྡེར་དཔྱིབས།

schoteltje

སྤོད་རྫས།

saus

ཚྭ་ཁོག

zoutvatje

གཡེར་མ་འཐག་འཁོར།

pepermolen

ཚོར།

azijn

སྣུམ།

olie

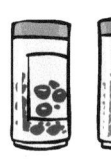

སྨན་སྣ།

kruiden

ཞེ་ཅུ་སྡ།

ketchup

སེ་ཕེ།

mosterd

སྤོད་མེ་ཅན།

mayonaise

སྣ་ཚོགས་ཁྲོམ་ར།

supermarkt

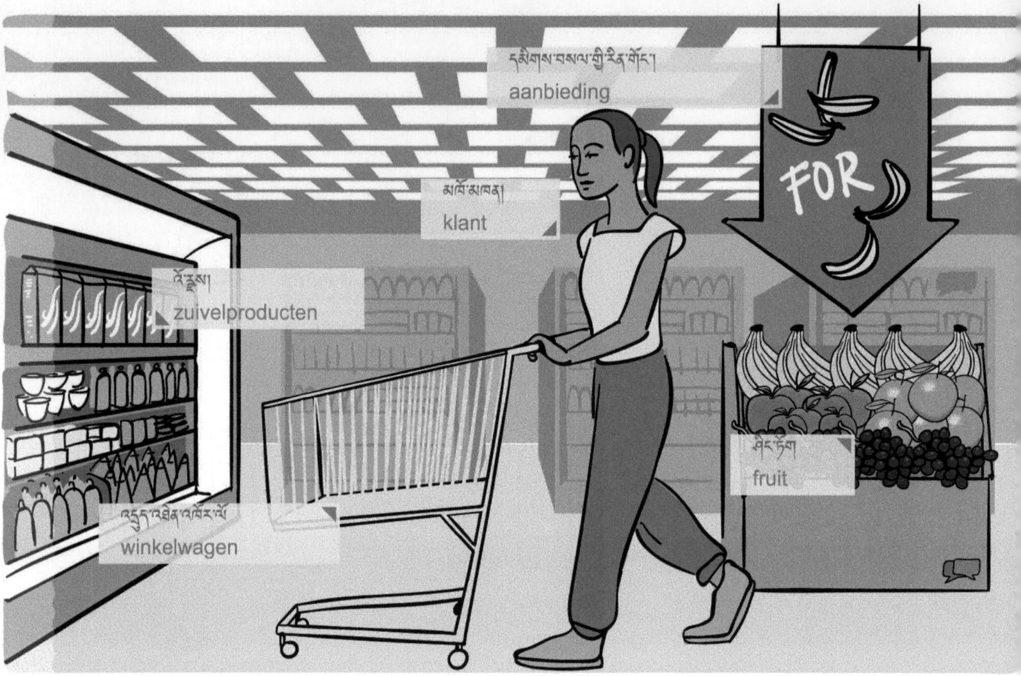

དམིགས་བསལ་གྱི་རིན་གོང་།
aanbieding
FOR
མགྲོ་མཁན།
klant
འོ་རྫས།
zuivelproducten
ཤིང་ཏོག
fruit
འདྲུད་འཐེན་འཁོར་ལོ།
winkelwagen

BUTCHERS

བཤས་ཚོང་།

slagerij

BAKERY

བག་སྲོབ་ལས་མཁན།

bakkerij

ལྗིད་ཚོད་འཇོགས་པ།

wegen

ཚོད་མ།

groenten

ཤ།

vlees

འཁྱགས་ཟས།

diepvriesvoedsel

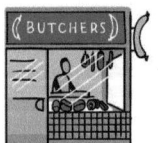

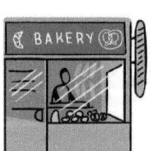

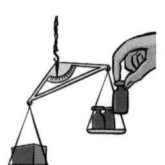

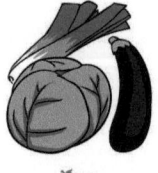

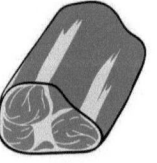

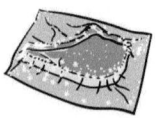

ཤ་གྲུད།

charcuterie

གྱིན་བསྐུབ་པའི་ཟ་མ།

conserven

ཁྲུས་བུལ།

waspoeder

མངར་ཟས།

snoep

ཁྱིམ་ཆས།

huishoudproducten

གཙང་སྦྲ་གཏོང་ཆས།

schoonmaakproducten

འཚོང་ཆོང་མཁན།

verkoopster

དངུལ་སྒམ།

kassa

དངུལ་གཉེར།

kassier

དགོས་ངེས་ཞིབ་ཐོ།

boodschappenlijstje

སྒོ་འབྱེད་དུས་ཚོད།

openingstijden

དངུལ་ཁུག

portefeuille

ཨིན་ཊོན་བྱང་བུ།

kredietkaart

ཁུག་མ།

tas

འགྱིག་ཤོག

plastieken zakje

drankjes

ཆུ།

water

ཤིལ་ཁུ།

sap

ཛོ་མ།

melk

ཁ་རག

cola

རྒུན་ཆང་།

wijn

སྦུ་ཆང་།

bier

ཆང་རག

alcohol

ཀོ་ཀོལ།

cacao

ཇ།

thee

ཁྩིག་ཐ།

koffie

ཁྩིག་ཐ།

espresso

ཀ་པའ་ཚི་ནོ།

cappuccino

དངས་ལག།

banaan

ཀུ་ཤུ།

appel

ཚ་ལུ་མ།

sinaasappel

 སྦྲ་ཚ་ག་གོན།

meloen

ལེ་མོན།

citroen

ལབ་མེར

wortel

སྒོག་པ།

knoflook

སྨྱུག་མ།

bamboe

ཙོང་།

ajuin

ཤ་མོ།

champignon

ཤུན་སྒོགས།

noten

ཐུག་པ།

noodles

ཀུ་ཐུག
spaghetti

འབྲས།
rijst

གྱང་ཚོས།
salade

ཞིབ་ལུ་སྲི།
frieten

ཡོངས་མ་སྲེག་པ།
gebakken aardappelen

པི་ཙ།
pizza

ཉེམ་བུ་སྐྱ།
hamburger

བག་ལེབ་སྣུམ་ཁྲི་ཅི།
sandwich

ག་ཏིག་གཟོགས།
kalfslapje

ཕག་ཤ་དྲང་མ།
ham

ས་ལ་སི།
salami

རྒྱུ་མ།
worst

བྱ་ཤ།
kip

སྲེག་པ།
braden

ཉ།
vis

24   ཁ་ལག། - eten

ཡུ་གྱི།

havervlokken

སྨྲེ་ཙི་ལི།

muesli

ཨ་ཚོས་ལེབ་མོ།

cornflakes

ཕྱེ་མ།

bloem

སྒྱུར་མུ།

croissant

བག་ལེབ།

pistolet

བག་ལེབ།

brood

བག་ལེབ་ཅིག་གཟྷོགས་སྲེག་མ།

toast

སྐྱུར་མོབ།

koekjes

མར།

boter

ཆོ།

kwark

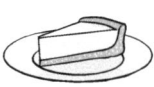

བག་ལེབ་མོབ་མོབ།

taart

སྒོ་ང་།

ei

སྒོ་ར་བརྫོབ།

spiegelei

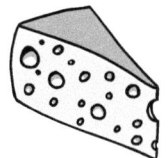

ཕྱུར་བ།

kaas

འཁྱགས་ཞོ།

ijs

བྱེ་མ་ཀ་ར།

suiker

སྦྲང་རྩི།

honing

སྙི་མས།

confituur

ཅོག་ལི་ཅད།

choco

སྐ་སྨེར།

curry

གཞུལ་ཁང་།
boerderij

འབྲུ་ཁང་།
schuur

ཆུ་ཐག
strobaal

ཞིང་ས།
veld

རྟ།
paard

འདྲུད་འཁོར་གྱི་འཕོར་ལོ།
aanhangwagen

བོང་ཕྲུག
veulen

འདྲུད་འཁོར།
tractor

བོང་བུ།
ezel

ལུ་གུ
lam

འདྲུད་འཁོར།
schaap

ར་མ།
....
geit

བ་མོ།
....
koe

བེའུ།
....
kalf

ཕག
....
varken

ཕག་ཕྲུག
....
biggetje

གླང་།
....
stier

དང་པ།

gans

བྱ་གག

eend

བྱིའུ་ཕྲུག

kuiken

བྱ་མོ།

kip

བྱ་ཕོ།

haan

བྱི་བ།

rat

ཞི་མི།

kat

ས་བྱི་ལིག

muis

བ་གླང་།

os

ཁྱི།

hond

ཁྱི་ཁང་།

hondenhok

མེ་ཏོག་ལུམ་རའི་ཁང་པ།

tuinslang

ཆུ་འདྲེན་པའི་ལྕགས་ཞིན།

gieter

ཟོར་བ།

zeis

ཐོབ་གཤོལ།

ploeg

ཟོར་བ།

sikkel

འཚོར།

schoffel

རྩྭ་སྐམ་གྱི་ལ་དབག

hooivork

སྟ་རེ།

bijl

འཁོར་ལོ་གཅིག་མ།

kruiwagen

དམར་ས།

trog

འོ་རྫི།

melkkan

སོ་ཁུག

zak

ར་བ།

hek

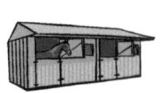

བཙུན་པོ།

stal

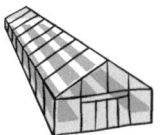

རྫུད་ཁང་།

broeikas

ས།

bodem

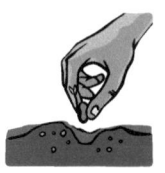

འབྲུ།

zaad

ལུད།

mest

མཉམ་བསྡུ་འཐུལ་འཁོར།

maaidorser

ཐོན་བསྡུ་བ།

oogsten

ཐོན་འབབ།

oogst

རི་སྐྱུར།

yam

འབྲོ།

tarwe

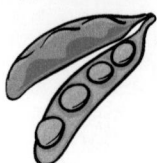

ཟྲང་ཡུག

soja

ཡོང་མ།

aardappel

མ་རྩོས་ལོ་ཏོག

maïs

ཡུངས་དཀར་འབྲུ།

koolzaad

ཤིང་ཐོང་།

fruitboom

ཞོག་ལོག་ལ་ངར་མོ།

maniok

འབྲུ་རིགས།

graan

དུ་ཁུང་།
schoorsteen

ཁང་ཐོག
dak

ཆུ་འབུད་སྦུ་གུ
regenpijp

དུ་སྒོ།
raam

འཁོར་སྣམ་ཚོད།
garage

སྒོ་དྲིལ།
deurbel

སྒོ།
deur

གད་སྣ་གས་སྣོད།
vuilnisbak

ཡིག་སྣམ།
brievenbus

མེ་ཏོག་ལྡུམ་ར།
tuin

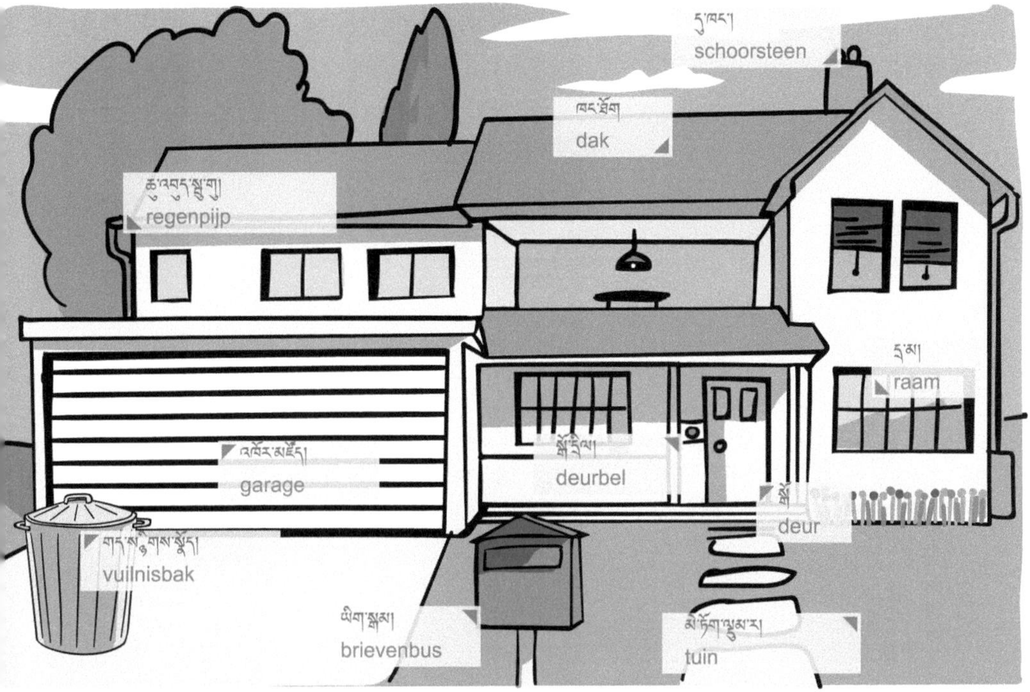

སྡོད་ཁང་།
woonkamer

འཁྲུས་ཁང་།
badkamer

ཐབ་ཚང་།
keuken

ཉལ་ཁང་།
slaapkamer

ཕྲུག་པའི་ཁང་པ།
kinderkamer

ཁ་ལག་ཟ་ས།
eetkamer

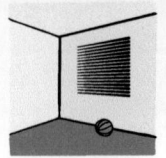

པང་གཅལ།
vloer

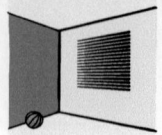

གྱང་།
muur

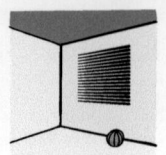

གནས་གཅལ།
plafond

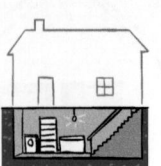

ས་འོག
kelder

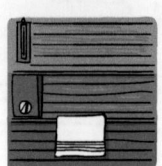

ཚྭ་རུས་ཁྲུས།
sauna

འདིངས་གཡབ།
balkon

སྐས་ཞིང་།
terras

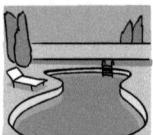

རྫིང་བུ།
zwembad

རྩྭ་འབྲེག་འཕྲུལ།
grasmaaier

ལེབ་མོ།
dekbedovertrek

ཉལ་ཁྲིའི་ལེབགས།
dekbed

ཉལ་ཁྲི།
bed

ཕྱགས་མ།
bezem

ལ་ཚགས་ཞིག
emmer

མཐེབ་གློ
schakelaar

woonkamer

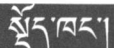

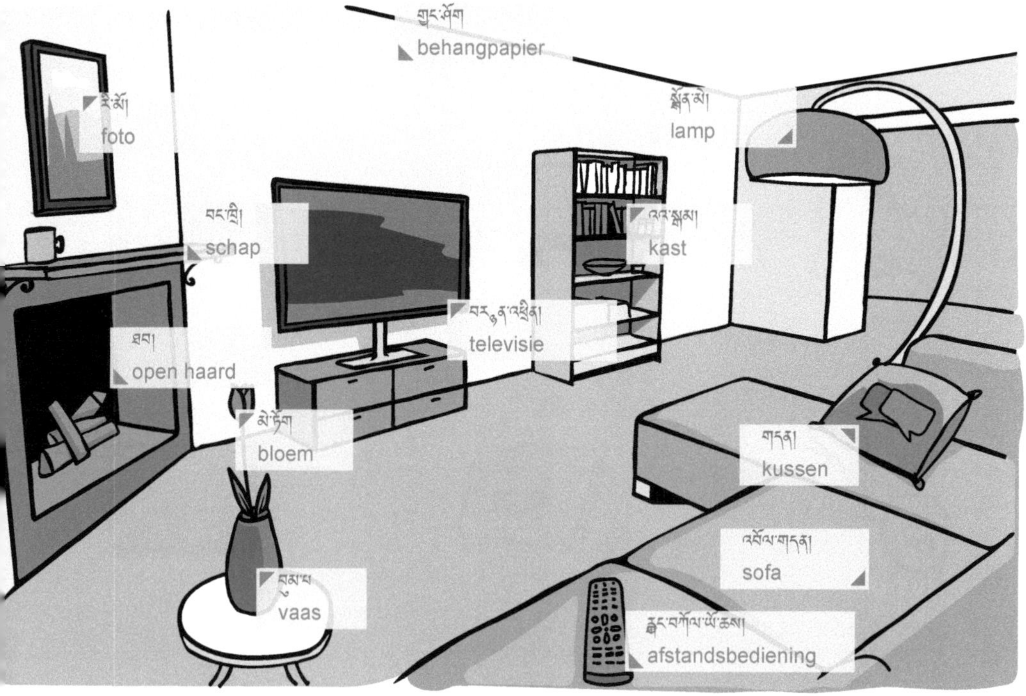

གྱང་ཤོག
behangpapier

རི་མོ།
foto

སྒྲོན་མེ།
lamp

བད་ཁྲི།
schap

འབའ་སྒམ།
kast

ཐབ།
open haard

པར་རྣམ་འཕྲིན།
televisie

མེ་ཏོག
bloem

གདན།
kussen

འབོལ་གདན།
sofa

བུམ་པ།
vaas

རྒྱང་བཀོལ་ལོ་ཚབ།
afstandsbediening

ས་གདན།
....
mat

ཡོལ་བ།
....
gordijn

ཅོག་ཙེ།
....
tafel

ཀྲུབ་ཀྱག
....
stoel

འཁར་ཕྱོ་འགུལ་ཀྲུབ་སྒེགས།
....
schommelstoel

ཀྲུབ་ཀུན་ལག་འཛུ་ཅན།
....
fauteuil

དཔེ་དེབ།
boek

ཉལ་ཐུལ།
deken

རྒྱན་བཀོད།
decoratie

མེ་ཤིང་།
brandhout

གློག་བརྙན།
film

བསྒྲིབས་བསྒྲིགས་སྒྲ་ཆས།
stereo-installatie

ལྡེ་མིག
sleutel

གསར་ཤོག
krant

ཚོན་བྲིས།
schilderij

གསར་བསྒྲགས་སྤྱར་ཡིག
poster

རླུང་འཕྲིན།
radio

ཟིན་བྲིས།
notitieboekje

རྡུལ་ཕྱགས།
stofzuiger

ཀུ་ཤིང་།
cactus

ཡང་ལ།
kaars

ཐབ་ཚང་།
keuken

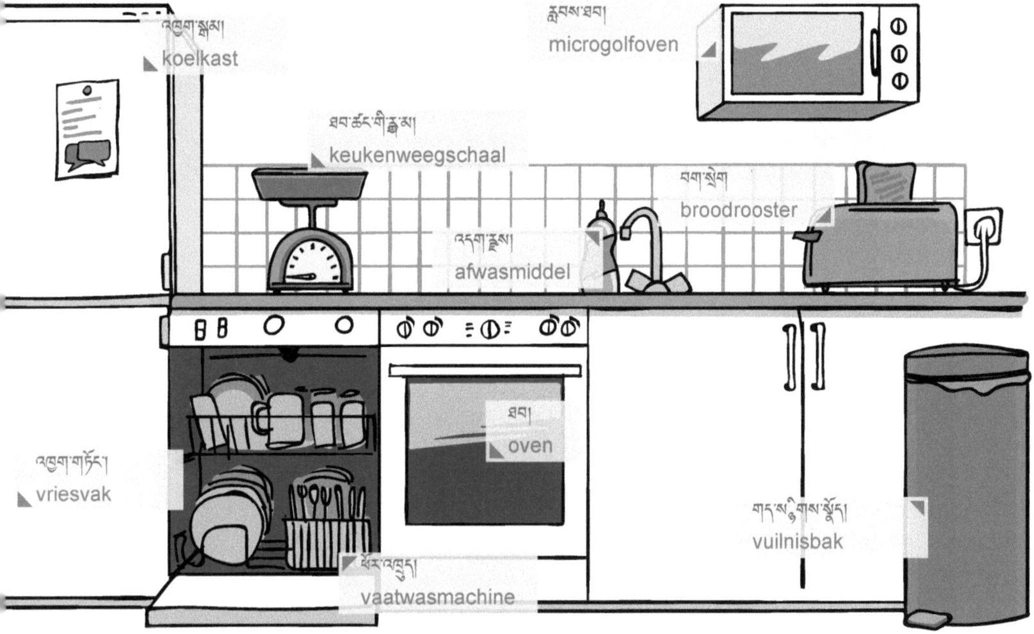

འཁྱག་སྒམ།
koelkast
རླབས་ཐབ།
microgolfoven
ཐབ་ཚང་གི་རྒྱ་མ།
keukenweegschaal
བག་སྲེག
broodrooster
འདག་རྫས།
afwasmiddel
ཐབ།
oven
འཁྱག་གཏོང་།
vriesvak
གད་སྙིགས་སྣོད།
vuilnisbak
ཕོར་འཁྲུད།
vaatwasmachine

དབུགས་རྡིག
....
fornuis

ཇ་འཁྱུ།
....
pot

ལྕགས་ཟངས།
....
gietijzeren pot

སླང་།
....
wok / kadai

ཚོད་སླང་།
....
pan

ཇ་ལྕིར།
....
waterkoker

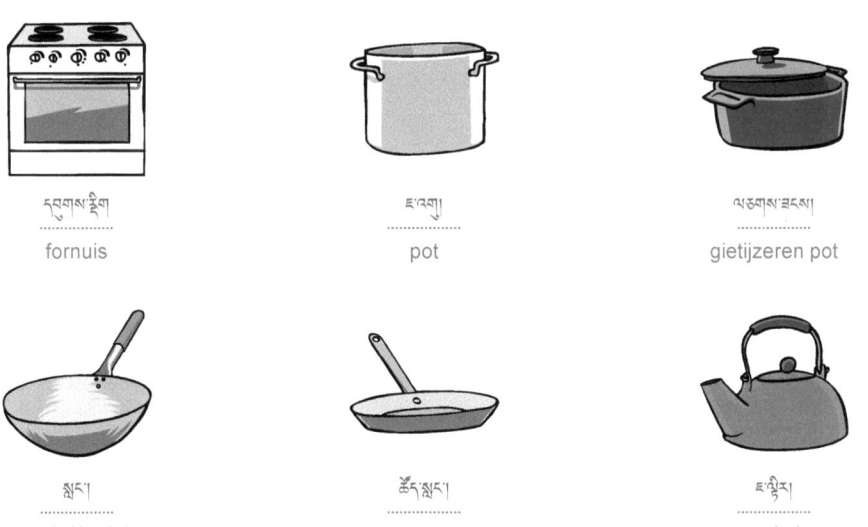

ཚོག་ཁུག།

stoomkoker

བསྲེགས་སྣེར།

bakplaat

སྣོད་ཆས།

servies

ཀོར་མོ།

mok

ཕོར་པ།

kom

ཐུར་མ།

eetstokjes

གཟར་བུ།

pollepel

སྐྱོ།

spatel

དཀྲོག་ཐུར།

garde

ཚགས་སྤྱོགས།

vergiet

ཚགས་རྐྱ།

zeef

ཞིབ་ཏུ་འཕུལ་འབོར།

rasp

སྟོག་ཅིང་།

mortier

ཤ་བསྲེགས།

barbecue

མེ་སྒྱོགས།

haardvuur

ཚོད་པང་།
....
snijplank

སྐོལ་ཤིང་།
....
deegrol

ཤད་པ་བཙོག
....
kurkentrekker

ལཅགས་ཀྱི་
....
blik

ལཅགས་ཀྱི་ཁ་འབྱེད་ཆས།
....
blikopener

དོ་སློམ།
....
pannenlap

ཁ་ཤུར།
....
gootsteen

སྤུ་ཤད།
....
borstel

འགྱིག་སོབ
....
spons

སུབ་དཀྱུག་འཁྲུལ་འཁོར།
....
blender

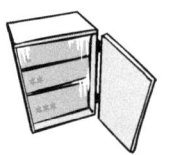

འཁྱག་ཐབ་འཁྲུལ་འཁོར།
....
vriezer

བྲིས་པའི་རུ་རུ།
....
papfles

སུབ་ལུ།
....
kraan

badkamer

ཕོ་རྐྱངས་མལོ་འདོན་། **verwarming**

 འཁྲུ་ཆུས **douche**

ལག་ཕྱིས། **handdoek**

ཁྲུས་ཡོལ་། **douchegordijn**

ལུ་ཁྲུས། **bubbelbad**

འཁྲུས་གཞོང་། **badkuip**

ཤེལ་ཕོར། **glas**

གོས་འཁྲུད་འཕྲུལ། **wasmachine**

ཐ་ག **tegels**

ཀྲཱན་ཆུ **kraan**

ཆབ་གཞོང་། **kinderpo**

ཆ་ལུད། **gootsteen**

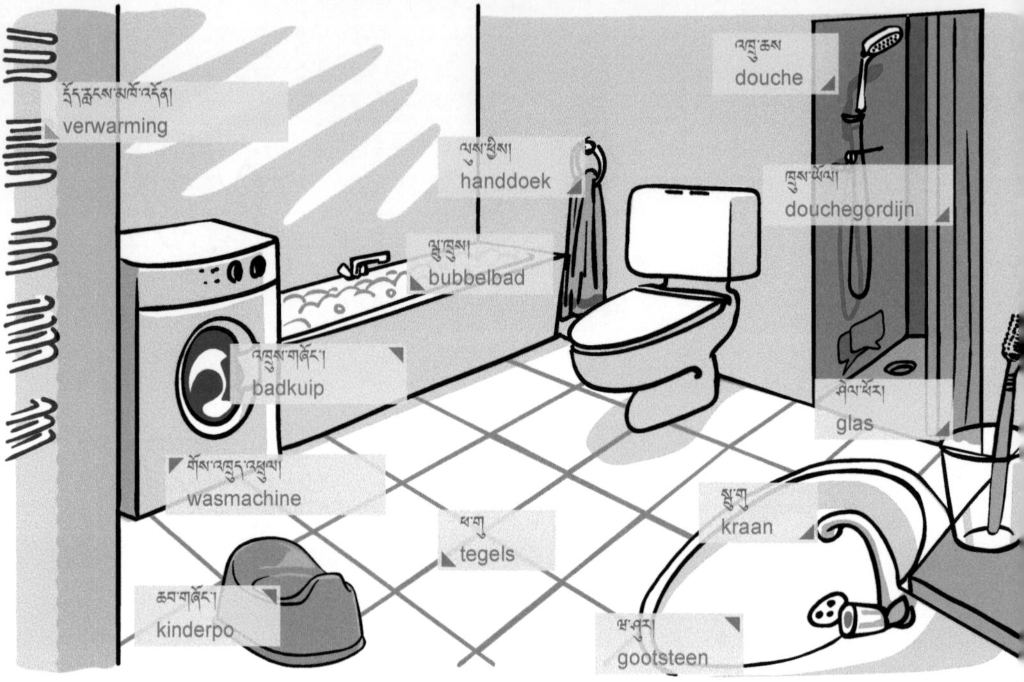

འདུག་སྒྱུབས་ཆབ་གཟིག
toilet

གསང་སྤྱོད།
hurktoilet

འཁྲུས་གཞུང་།
bidet

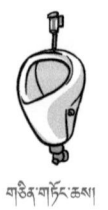

གཙིན་གཏོང་ཆས།
urinoir

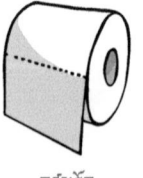

གཙང་ཤོག
toiletpapier

གསང་སྤྱོད་ཤེད།
toiletborstel

 སོ་འཁྲུ།

tandenborstel

སོ་སྨན།

tandpasta

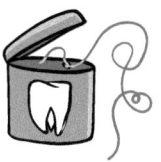

སོ་སྐུད།

flosdraad

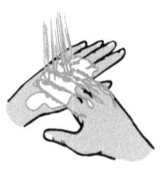

བཀྲུ་བ།

wassen

ལག་ཏུ་བཟུང་བའི་ལྕུ་ཆས།

handdouche

ཁྲུས།

bidethanddouche

གཟོང་ས།

waskom

ཀྲབ་ཤད།

rugborstel

ཕྱིས་ཆས།

zeep

ཁྲུས་རྫི་བ།

douchegel

སྐྲ་འཁྲུད་རྫི་བ།

shampoo

བྱི་ལབ་སྨྱུ།

washandje

ཆུ་གཏོང་ས།

afvoer

སྐུ་སྨན།

crème

དྲི་ཞིམ།

deodorant

མེ་ལོང་།

spiegel

མེ་ལོང་།

handspiegel

སྤུར་བཞར།

scheermes

བཞར་བའི་སྤུམ།

scheerschuim

ཁ་སྤུ་བཞར་རྗེས།

aftershave

སོ་མང་།

kam

པད།

borstel

ཀྲ་འབུད་འཕུལ་འཁོར།

haardroger

འགིག་སྐྱི།

haarlak

སྣུ་ཕེར།

make-up

མཆུ་སྐྱི།

lippenstift

སེན་སྐྱི།

nagellak

བལ་ཕུར།

watten

སེན་ཆན།

nagelknipper

རྩི་དྲི་ཞིམ།

parfum

འཁྲུས་ཁུག
toilettas

བཞད་ལྕེ་དོར་བ།
kruk

ལུས་ཀྲ།
weegschaal

འཁྲུས་གོས།
badjas

འགྲིག་སྤྱིན་ལག་ཤུབས།
latex handschoenen

སྨྱུད་ལེབས།
tampon

ཉེན་ཤོག
maandverband

རྫས་འགྱུར་གསང་སྤྱོད།
chemisch toilet

བྱིས་པའི་ཁང་པ།

kinderkamer

ཉིལ་བརྡ་ཆུ་ཚོད།
wekker
བལ་སྐྱུད་རྩེད་ཆས།
knuffel
རྩེད་ཆས་རླངས་འཁོར།
speelgoedauto
ཀླག་ཅོར།
rammelaar
རས་ཨོ་ལོའི་ཁང་ཆུང་།
poppenhuis
ལག་སྐྱེས།
geschenk

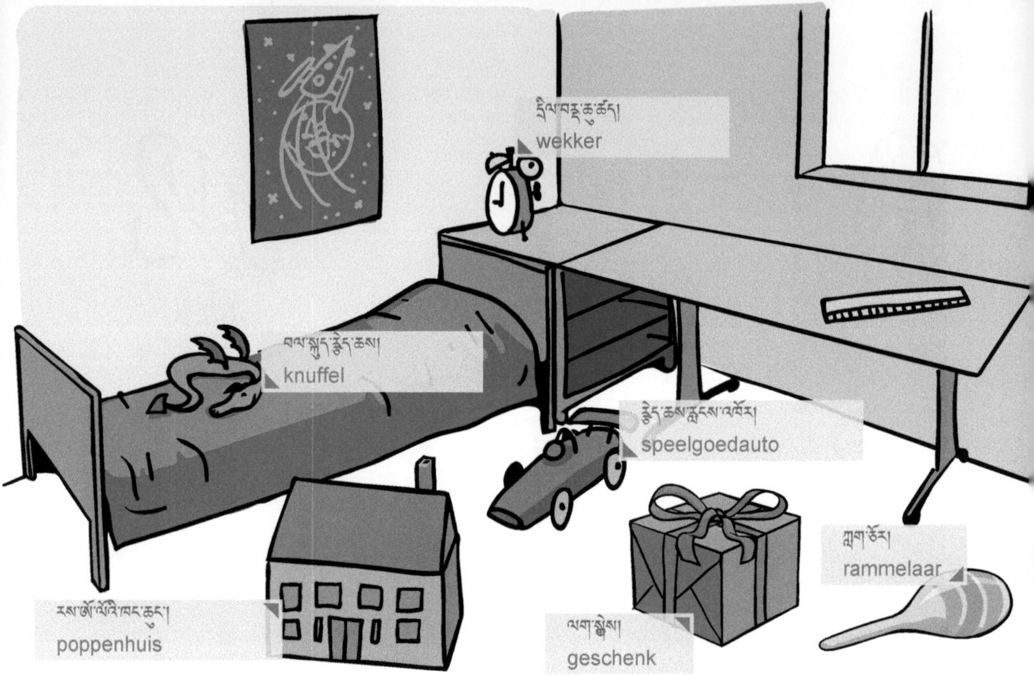

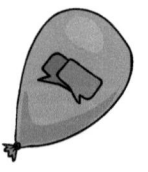

དབུགས་སྦང་།

ballon

ཉལ་ཁྲི།

bed

བྱིས་པའི་འཁྱོགས་འཁོར།

kinderwagen

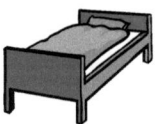

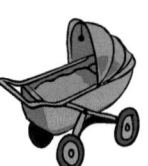

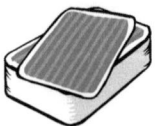

ཤོག་སྦག

spel kaarten

རིས་བསྒྲིག་རྩེད་ཆས།

puzzel

སྨུ་འབྲིལ་རི་མོ།

stripboek

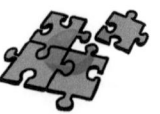

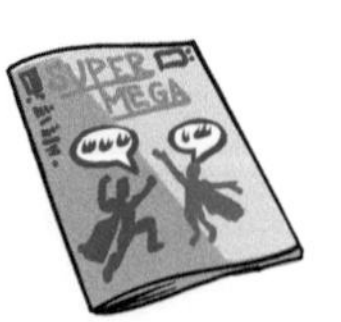

བེ་གོ།
....
legoblokjes

བརྩིགས་ཤིང་།
....
blokken

དཔུབས་འགུར་འཕུལ་མི།
....
actiefiguur

ཞེའུ་ནར་སོ་བ།
....
kruippakje

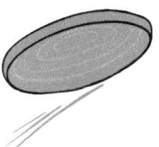

འཕུར་སྒྱེར།
....
frisbee

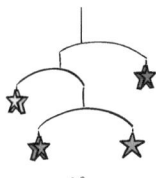

སྐྱལ་བ་དེའི་རྣམ་པ།
....
mobiel

མིག་མངས་ཀྱི་རོལ་རྩེད།
....
bordspel

ཤོ་རྩེད།
....
dobbelsteen

དཔེ་ཧྲེབས་མེ་འཁོར།
....
modelspoorweg

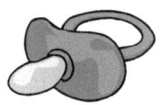

རྣུས་མ།
....
fopspeen

འདུ་ཚོགས།
....
feest

རི་མོའི་དཔེ་དེབ།
....
prentenboek

པོ་ལོང་།
....
bal

རས་ཨོ་ལོ།
....
pop

རྩེད་མོ་རྩེ་བ།
....
spelen

བྱེ་རོད།

zandbak

འཕྱང་རྒྱང་།

schommel

རྩེད་ཆས།

speelgoed

རྩེད་འཕྲུལ།

spelconsole

འཁོར་གསུམ་འཁོར་ལོ

driewieler

ཐའི་ཏིའུ་ཞུང་།

knuffelbeer

གོས་སྒམ།

kleerkast

གྱོན་ཆས།

kleding

རྐང་ཤུབས།

sokken

ཨུམ་སུ་ལུ།

kousen

རྐང་ཤུབས།

maillot

སྐེ་དཀྲིས།
sjaal

གདུགས།
paraplu

སྟོད་ཐུང་།
T-shirt

དོར་ཆས།
riem

ལྷམ།
laarzen

བསིལ་ལྕགས།
slippers

རྐང་སྦོང་གྱོན་ཆས།
sneakers

འདྲུད་ལྷམ།
sandalen

ལྷམ།
schoenen

འགྱིག་ལྷམ།
rubberlaarzen

འོག་རས།
onderbroek

ནུ་ཤུབས།
beha

རྒྱབ་ལེན།
onderhemd

བུ་སྐྱེའི་གྱོན་ཆས།

lichaam

རྐང་ཆོས།

broek

འཇིནས།

jeans

སྨད་གཡོགས།

rok

ཨོག་འཛེག

blouse

སྟོད་ཐུང་།

hemd

བལ་གོས།

trui

ཞུ་ལྭ།

capuchontrui

རྐྱེན་གོས་སྟོད་ལོ།

blazer

རྐུ་གོ་རེ།

jas

སྟོད་གོས།

jas

ཆར་གོས།

regenjas

གྱོན་ཆས།

kostuum

གྱོན་གོས།

jurk

བག་གོས།

trouwjurk

དྲུག་སློག

pak

སུལ་གོས

nachthemd

ཉལ་གོས

pyjama

ན་རི

sari

མགོ་དཀྲིས

hoofddoek

ཐོད་དཀྲིས

tulband

སྤོག་ལྭ

boerka

ཀ་ཧྥན

kaftan

ཨ་པ་ལྭ

abaya

རྒྱལ་གོས

badpak

བྱང་ཚོག

zwembroek

དོར་ཐུང

short

ལུས་རྩལ་གྱོན་ཆས

trainingspak

པང་གདན

schort

ལག་ཤུབས

handschoenen

སྒྲོག་བུ།

knoop

མིག་ཤེལ།

bril

ལག་གདུབ།

armband

སྐེ་ཕྲེང་།

ketting

ཚིགས་ཁེབས།

ring

རྣ་ཕོང་།

oorbel

ཞྭ།

pet

གོས་རྫས།

kapstok

གུས་ཞྭ།

hoed

གོང་དཀྲིས།

das

འཆིན་སྒྲོག

rits

རྨོག

helm

དཔུང་ཐག

bretellen

སློབ་གོས།

schooluniform

སྐྱིག་ཆས།

uniform

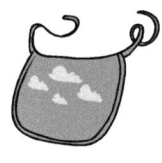

ལྷ་ཁེབས།

slabbetje

རྣུས་མ།

fopspeen

ཆུ་གདན།

luier

ལས་ཁུངས།
kantoor

གསབ་ལེན་པ།
server
ཡིག་ཆའི་སྒམ།
dossierkast
ཡིག་དཔར་ཆས།
printer
ཤོག་བུ།
papier
འཆར་ཤེལ།
monitor
ཅོག་ཙེ།
bureau
ཙིག་བར་ཉ།
muis
ཡིག་ཁུག
map
འཐེབ་གནོན།
toestenbord
གད་སྙིགས་སྣོད།
papiermand
གློག་ཀླད།
computer
རྐུབ་རྐྱག
stoel

ཀྐིག་ཇ་ཀོ་རེ།

koffiemok

ཨང་རྩིས་འཕྲུལ་བྱད།

rekenmachine

དྲ་ཐྭ།

internet

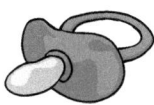

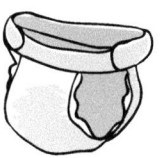

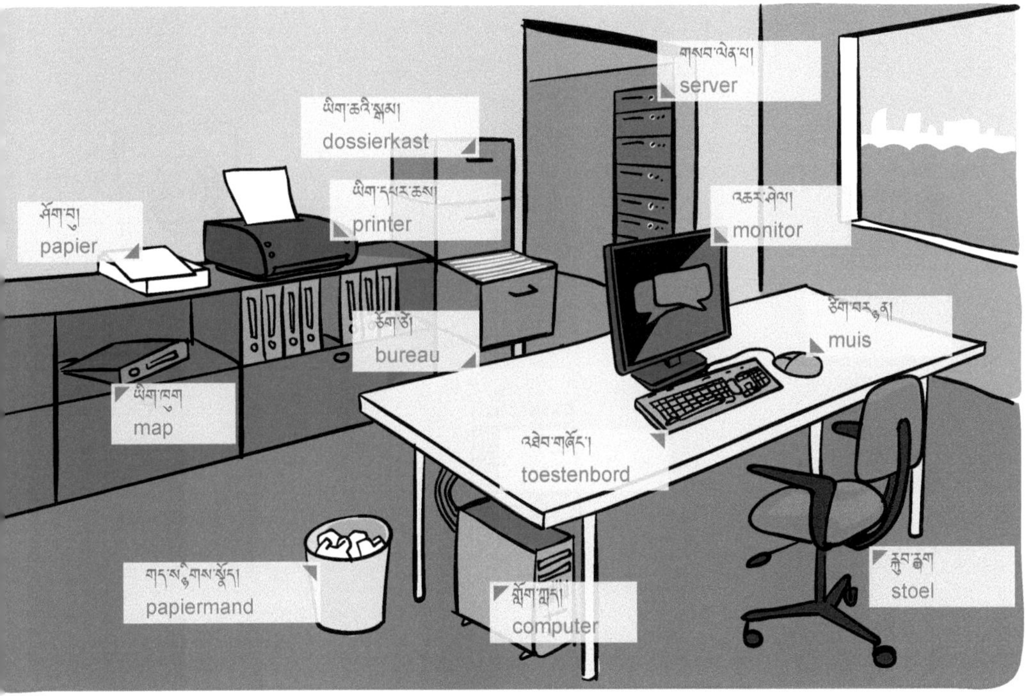

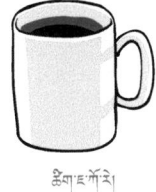

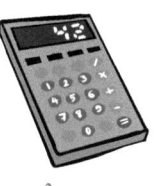

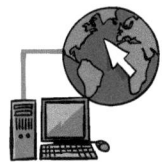

ལག་འཁྱེར་སློག་ཀླད།
....
laptop

ཡི་གེ
....
brief

འཕྲིན་ཕྲང་།
....
bericht

ལག་འཁྱེར་ཁ་པར།
....
gsm

དྲ་ལམ།
....
netwerk

བསྐྱར་དཔར་ཆས།
....
kopieerapparaat

མཉེན་ཆས།
....
software

ཁ་པར།
....
telefoon

སྣར་གཏད།
....
stopcontact

ཀྱུད་འཕོར།
....
fax

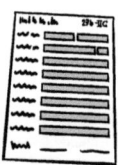

རེན་མིག
....
formulier

ཡིག་ཆ།
....
document

ཉོ།

kopen

དངུལ་སྤྲོད་པ།

betalen

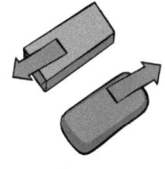

ཚོང་རྒྱག་པ།

handelen

སྒོར་མོ།

geld

ཨ་སྒོར།

dollar

ཡོ་སྒོར།

euro

�རི་གོང་།

yen

རབ་སྒྲིལ།

roebel

ཤུའེ་ཚེར་གྱི་ཕྲ་རན་སིའི་སྒོར་མོ།

Zwitserse frank

རྒྱ་ནག་གི་སྒོར་མོ།

Chinese renminbi

ལུའི་པི།

roepie

ལག་དངུལ་གྱི་གཉེན།

geldautomaat

བརྗེ་འགྱུར་ལས་ཁངས།
....
wisselkantoor

གསེར།
....
goud

དངུལ།
....
zilver

སྣུམ།
....
olie

ནུས་ཤུགས།
....
energie

རིན་གོང་།
....
prijs

གན་རྒྱ།
....
contract

དཔྱ་ཁྲལ།
....
belasting

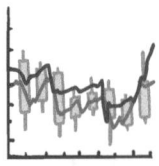

ཆོས་ཆོག
....
aandeel

ལས་ཀ་བྱེད་པ།
....
werken

ལས་བྱེད་པ།
....
werknemer

ལས་ཀ་སྤྲོད་མཁན།
....
werkgever

བཟོ་གྲྭ།
....
fabriek

ཚོང་ཁང་།
....
winkel

beroepen

ཉེན་རྟོག་དམག་མི།
politieagent

མེ་གསོད་དམག།
brandweerman

གནམ་གྲུའི་ལམ་ལོ་པ།
piloot

མ་བྱན།
kok

སྨན་པ།
dokter

ལྡུམ་ར་པ།
tuinman

ཤིང་བཟོ་བ།
timmerman

ཚེམ་མཁན་མ།
naaister

ཁྲིམས་དཔོན།
rechter

རྫས་སྦྱོར་མཁས་པ།
chemicus

གློག་བརྙན་འཁྲབ་སྟོན་པ།
acteur

ཁ་ལོ་པ།

buschauffeur

སྐྱ་ནག་རྫུངས་འཁོར་ཁ་ལོ་པ།

taxichauffeur

ཉ་པ།

visser

གཙང་སྦྲ་བྱེད་མཁན།

schoonmaakster

ཁང་ཐོག་བཟོ་མཁན།

dakdekker

ཞབས་ཞུ་པ།

ober

རྫོན་པ།

jager

ཚོན་རི་གཏོང་མཁན།

schilder

བག་ལེབ་ལས་མཁན།

bakker

གློག་བཟོ་མཁན།

elektricien

ཨར་ལས་པ།

bouwvakker

ཨར་ལས་འཆར་འགོད་པ།

ingenieur

བཤན་པ།

slager

ཆུ་ལས་བཟོ་སྐྲུན་པ།

loodgieter

ཡིག་སྐྱེལ་པ།

postbode

དམག་མི།
....
soldaat

ཨར་ལས་པ།
....
architect

དངུལ་གཉེར།
....
kassier

མེ་གསོད་མཁན།
....
bloemist

སྐྲ་བཟོ་མཁན།
....
kapper

སྐུ་འདྲེན།
....
conducteur

བཟོ་ལས་པ།
....
mecanicien

འགྲོ་ཁྲིད།
....
kapitein

སོའི་སྨན་པ།
....
tandarts

ཚན་རིག་པ།
....
wetenschapper

འཇིན་སློབ་དཔོན།
....
rabbijn

ཨི་མམ།
....
imam

གྲྭ་པ།
....
monnik

ཆོས་དོན་གཉེར་མཁན།
....
geestelijke

werktuigen

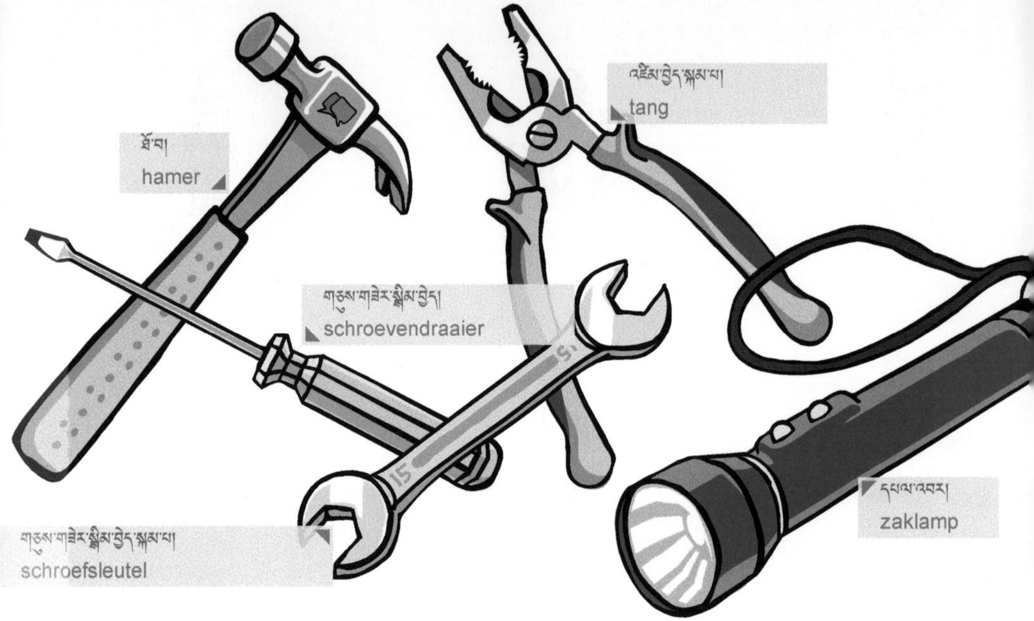

ཐོ་བ།
hamer

འཛིམ་བྱེད་སྐམ་པ།
tang

གཉའ་གཟེར་སྐྲིལ་བྱེད།
schroevendraaier

གཉའ་གཟེར་སྐྲིལ་བྱེད་སྐམ་པ།
schroefsleutel

དཔལ་འབར།
zaklamp

སློག་མཁན།
graafmachine

སློང་ཆས་སྒམ།
gereedschapskoffer

འཛེགས་སྐས།
ladder

སོག་ལེ།
zaag

ལྕགས་གཟེར།
spijkers

འབིགས་གསོར་འཕྲུལ་འཁོར།
boormachine

བརྩོ་བཅོས་རྒྱག་པ།

repareren

སྐྱོག་མ།

schop

ཨ་མའི་ག

Verdomme!

གད་གཅིགས་གཡུགས་བྱེད་སྐྱོགས།

blik

ཚོན་སྣོད།

verfpot

གཟུལ་གཟེར།

schroeven

རོལ་ཆས།

muziekinstrumenten

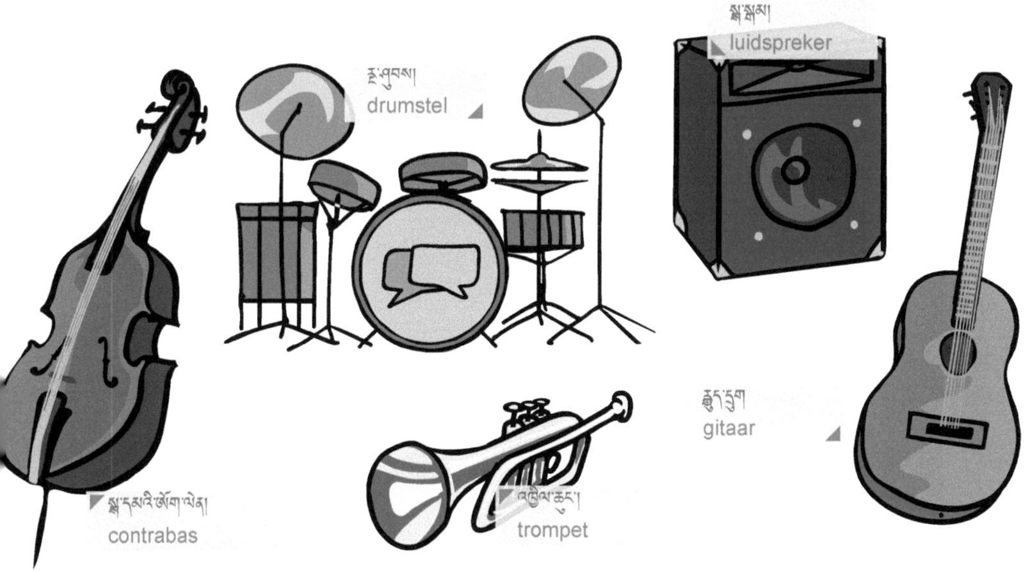

 སྒྲ་སྒྲོགས།
luidspreker

རྔ་ཤུབས།
drumstel

རྒྱུད་དུང་།
gitaar

སྒྲ་དམའི་འོག་ག་ལེན།
contrabas

འཁྲིལ་ཆུང་།
trompet

རྣ་སྦྲེང་།
piano

འདེགས་རྩུང་།
viool

སྒྲ་གདངས་དམར་པ།
basgitaar

སྒྲ་སྨྱུག་རྩ་པ།
pauk

རྔ།
trommels

མཐེབ་གཞོང་།
keyboard

ཕག་མེ་སྦོན།
saxofoon

འཕྱེད་གྲིང་།
fluit

སྐད་སྒྲུག
microfoon

སྒོ། ingang

སྟག tijger

གཟེབ། kooi

རྐྱང་ཁ། zebra

གཅན་གཟིགས་ཀྱི་ལྟོ་སྐྱེར་ཁ། diereneten

དོམ་ཁ། panda

ཕྱོག་ཆགས། dieren

གླང་ཆེན། olifant

ཀང་རུ། kangoeroe

བསེ་རུ། neushoorn

མི་རྒོད། gorilla

དོམ། beer

རྔ་མོང་།

kameel

རྔ་མོང་བྱ་ཆེན།

struisvogel

སེང་གེ།

leeuw

སྤྲེའུ།

aap

དང་པའི་རྒྱལ་པོ།

flamingo

ནེ་ཙོ།

papegaai

དོམ་དཀར།

ijsbeer

བྱ་ཆེན་པེད་གུན།

pinguïn

ཉ་ཆེན་མཆུ།

haai

རྨ་བྱ།

pauw

སྦྲུལ།

slang

ཆུ་སྦྲུལ།

krokodil

གཅན་གཟན་ཁང་གི་གཉེར་ཁ་མཁན།

dierenverzorger

མཚོ་གླང་།

zeehond

གཅན་གཟན་གུང་།

jaguar

ཡུལ་རྟ།
....
pony

གཟིག
....
luipaard

མཚོ་ཕག
....
nijlpaard

ྲ་ཁྱི་ཞེ་རིང་།
....
giraffe

ཁྲ།
....
adelaar

ཕོ་ཕག
....
wild zwijn

ཉ།
....
vis

རུས་སྦལ།
....
zeeschildpad

ཕྱོལ་རྭ།
....
walrus

ཝ་མོ།
....
vos

དགོ་བ།
....
gazelle

ཨ་རིའི་རྐང་རྩེད་སྤོ་ལོ།
rugby

རྣང་སྒ་རི་ལ་བཞོན་པ།
wielrennen

ཏེ་ནི་སི།
tennis

ལག་རྩེད་ཀྱི་སྤོ་ལོ།
basketbal

ཆུ་སྐྱལ་བ།
zwemmen

སྤོག་ས་ང་།
boksen

རྡོག་ཀྱི་ལེ།
ijshockey

རྐང་རྩེད་པོ་ལོ།
voetbal

བྱ་སྐྱོ་སྤོ་ལོའི་རྩེད་མོ།
badminton

ལས་རྩལ་ལས་འགུལ།
atletiek

ལག་རྩེད་པོ་ལོ།
handbal

གངས་ཤུད་པ་ལེབ།
skiën

པོ་ལོ།
polo

གད་མོ་དགོད་པ།
lachen

མཆོང་པ།
springen

འཁམ་འཁྱུད་བྱེད་པ།
knuffelen

གོམ་པ་རྒྱག་པ།
wandelen

གླུ་ལེན་པ།
zingen

རྨི་ལམ་སྐྱོང་བ།
dromen

གསོལ་བ་འདེབས་པ།
bidden

འོ་བྱེད་པ།
kussen

འབྲི་བ།
schrijven

འབྲི་བ།
tekenen

མིག་ལ་སྟོན་པ།
tonen

འབུད་རྒྱག་གཏོང་བ།
duwen

སྤྲོད་པ།
geven

ལེན་པ།
nemen

ཡོད་པ།

hebben

བྱེད།

doen

ཡིན།

zijn

ལངས་པ།

staan

རྒྱུག་པ།

lopen

འཐེན་པ།

trekken

འཕེན་པ།

gooien

ལྷུང་པ།

vallen

ཉལ་པ།

liggen

སྒུག་པ།

wachten

འཁྱེར།

dragen

མར་སྐྱོད་པ།

zitten

གྱོན་པ།

aankleden

གཉིད་ཁུག་པ།

slapen

ཡར་ལངས་པ།

ontwaken

ལྟ་བ།
kijken naar

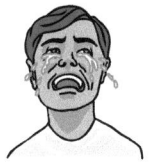

དུ་བ།
wenen

གོན་པ་གློན་པ།
aaien

སྐྲ་འདད་པ།
kammen

སྐད་ཆ་བཤད་པ།
praten

རྟོགས་པ།
begrijpen

འདྲི།
vragen

ཐོས་པ།
luisteren

འཐུང་།
drinken

ཟ།
eten

ལེགས་སྒྲིག
opruimen

དགའ་བ།
houden van

བཙོ་བ།
koken

རླངས་འཁོར་གཏོང་བ།
rijden

འཕུར་བ།
vliegen

རྒྱ་མཚོར་སྐྱོད་པ།
....
zeilen

རྩིས་རྒྱག་པ།
....
rekenen

སློག་པ།
....
Lezen

སློབ་སྦྱོང་བྱེད་པ།
....
leren

ལས་ཀ་བྱེད་པ།
....
werken

གཉེན་སྒྲིག་བྱེད་པ།
....
trouwen

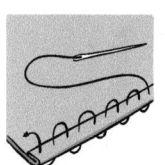

འཚེམ་པ།
....
naaien

སོ་འཁྲུས།
....
tandenpoetsen

གསོད་པ།
....
doden

འདུ་བ་འཐེན་པ།
....
roken

གཏོང་བ།
....
sturen

familie

�རྨོ་མོ།
grootmoeder

པོ་པོ།
grootvader

ཨ་པ།
vader

ཨ་མ།
moeder

ཕྲིས་པ།
baby

བུ་མོ།
dochter

བུ་ཕྲུག
zoon

མགྲོན་པོ།
....
gast

ཨ་ནེ།
....
tante

ཨ་ཁུ།
....
oom

ཕ་བུ།
....
broer

ཨ་ཅེ།
....
zus

lichaam

ཐོད་པ།
voorhoofd
མིག
oog
ཕྲག་པ།
schouder
མཛུབ་མོ།
vinger
ངོ་གདོང་།
gezicht
མ་ཉེ།
kin
ལག་པ།
hand
རྐང་པ།
been
ནུ་མ།
borst
ལག་ངར།
arm

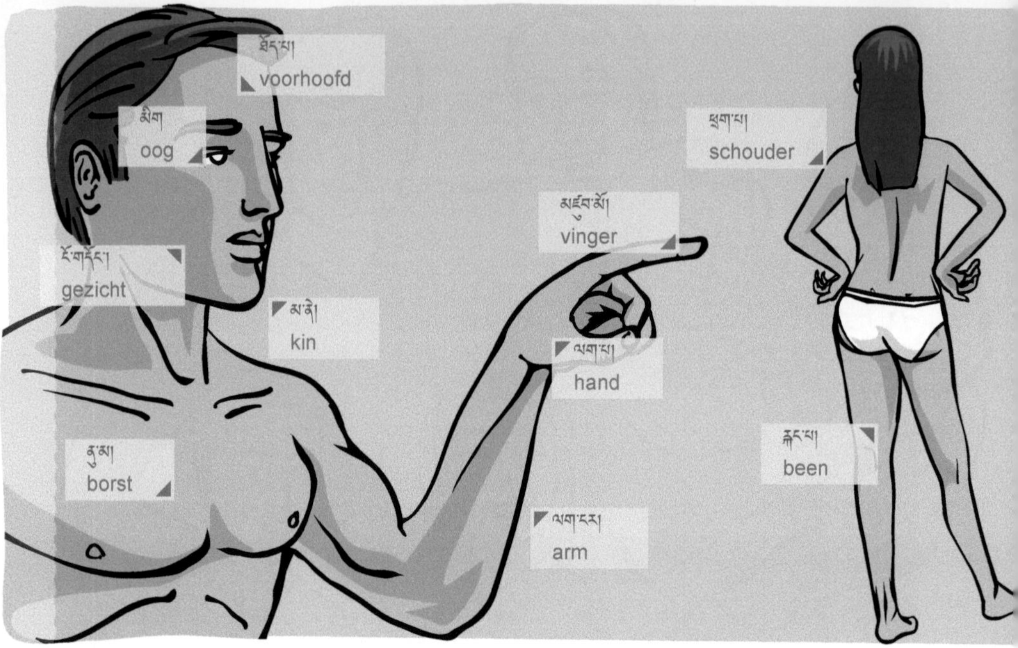

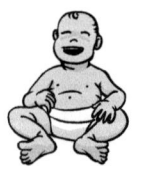

བྱིས་པ།

baby

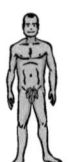

སྐྱེས་པ

man

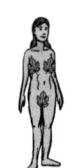

བུད་མེད།

vrouw

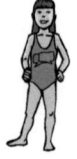

བུ་མོ།

meisje

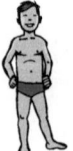

བུ།

jongen

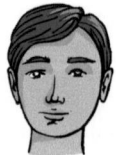

མགོ།

hoofd

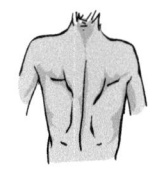

སྐུ་ལ་པ།
....
rug

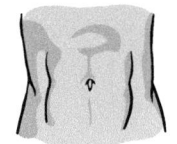

ཤོག་ལ་པ།
....
buik

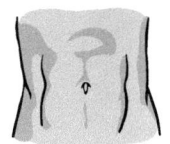

ལྟེ་བ།
....
navel

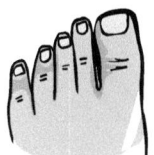

རྐང་མཐིལ།
....
teen

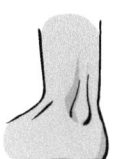

རྟིང་ཀ།
....
hiel

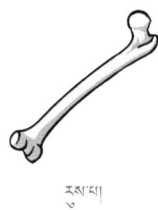

རུས་པ།
....
bot

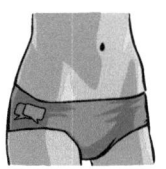

དཔྱི་མགོ།
....
heup

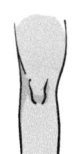

པུས་མོ།
....
knie

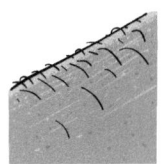

གྲུ་མོ།
....
elleboog

སྣ།
....
neus

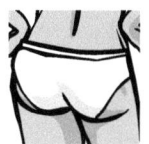

རྐུབ།
....
zitvlak

པགས་པ།
....
huid

རྡོག་གདོང་།
....
wang

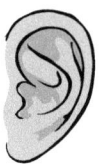

རྣ་མཆོག
....
oor

 མཆུ།
....
lip

ཁ།

mond

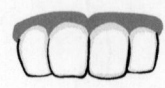

སོ།

tand

ལྕེ།

tong

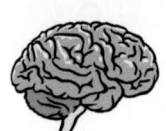

ཀླད་པ།

hersenen

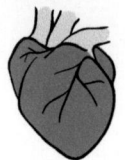

སྙིང་།

hart

ཤ་གནད།

spier

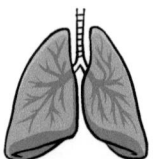

གློ་བ།

long

མཆིན་པ།

lever

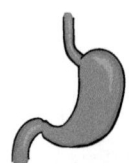

གྲོད་པ།

maag

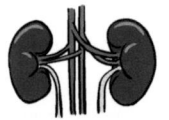

མཁལ་མ།

nieren

འཁྲིག་སྤྱོད།

seks

ཤུད་ཤུབས།

condoom

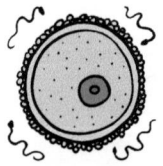

ཁམས་དམར།

eicel

ཁམས་དཀར།

sperma

ལུས་མའི་གནས་སྐབས།

zwangerschap

ལུས་པོངས། - lichaam

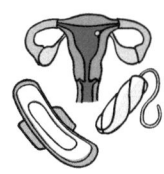

ཟླ་མཚན།

menstruatie

སྟུ་སྒོ།

vagina

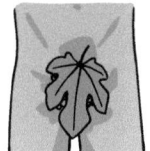

ཕོ་མཚན།

penis

སྨིན་མ།

wenkbrauw

སྐྲ།

haar

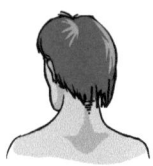

སྐེ།

nek

སྨན་ཁང་།

ziekenhuis

སྨན་ཁང་།
ziekenhuis
ནད་པ་འདྲེན་འཁོར།
ambulance
འཁོར་ལོ་རྐུབ་ཀྱག
rolstoel
ཆག།
breuk

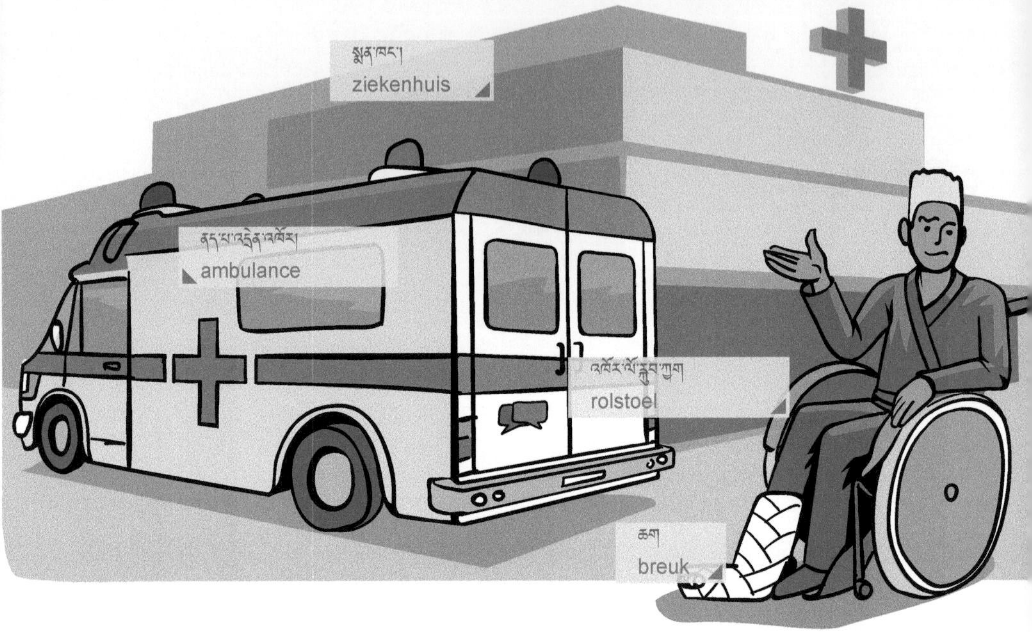

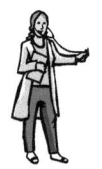

སྨན་པ།

dokter

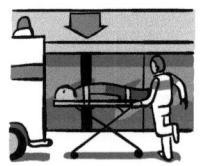

མྱུར་སྐྱོབ་ཁང་།

spoed

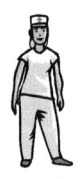

ནད་གཡོག

verpleegkundige

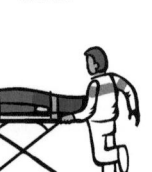

མྱུར་སྐྱོབ།

noodgeval

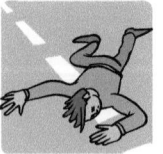

དྲན་པ་འཐོར།

bewusteloos

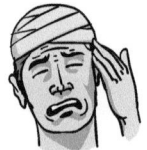

ཟུག་རྫུ།

pijn

སྐྲོན།
....
verwonding

ཁྲག་བཞུར་བ།
....
bloeding

སྙིང་ཁྲག་དུགས་པ།
....
hartaanval

གཟའ་འཕོག
....
beroerte

ཚམས་ཚི།
....
allergie

གློ་ཀྲུག་པ།
....
hoest

ཚ་བ་ཀྲུས་པ།
....
koorts

ཚམས་རིམས།
....
griep

བཤལ་ནད།
....
diarree

མགོ་ན།
....
hoofdpijn

སྐྲན་ནད།
....
kanker

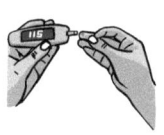

གཅིན་སྙི།
....
diabetes

གཤག་གཅོད་སྨན་པ།
....
chirurg

གཤག་བཅོས་གྲི།
....
scalpel

བཀོལ་སྦྱོང་།
....
operatie

CT ཞིབ་བཤེར།

CT

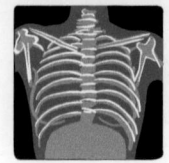

གློག་དཔར།

röntgenstraal

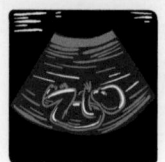

བརྟག་ལྟའི་སྒྲ་གློག་དཔར།

ultrageluid

ཁ་ཞིབས།

gezichtsmasker

ནད།

ziekte

སྒུག་ཁང་།

wachtkamer

ཉ་པོའི་འཁར་ཤིང་།

kruk

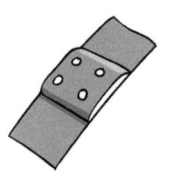

ཐབ་རྩལ།

pleister

སྨན་དཀྲིས།

verband

ཁབ།

injectie

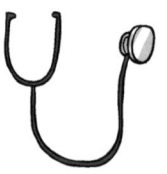

ནད་ཞིབ་ཉན་སྣ་འཕུལ་ཆས།

stethoscoop

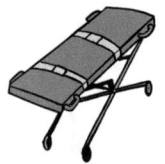

འགྱོག་འཕྱད།

brancard

ཚ་དྲག་རྩིས་ཆས།

thermometer

སྐྱེ་བ།

geboorte

ལྱིད་བརྩལ།

overgewicht

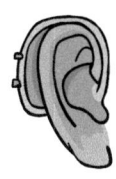

ཅན་ཐན་ལོ་ཕུད།

hoorapparaat

དུག་སེལ་སྨན་རྫས།

ontsmettingsmiddel

འགོ་བ།

infectie

དུག་ཕྲེན།

virus

ཨེ་ཙི་ཨེན་དུག

HIV / AIDS

སྨན།

medicijn

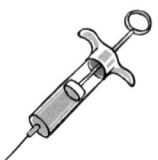

ཕྲིན་འཕྲོག་སྨན་ཁབ།

vaccinatie

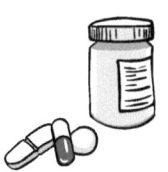

སྨན་རིལ།

tabletten

རྐྱ་འཕྲོག་སྨན།

pil

སྒྱུར་སྐྱོབ་འབོད་པ།

noodoproep

ཁྲག་གནོན་ཚོད་ཚད།

bloeddrukmeter

ནད་པ་བདེ་ཕོ་ཐང་པོ།

ziek / gezond

སྐྲོག་སྐྱོབ་ལ།

Help!

ཉེན་བརྡ།

alarm

རྐུལ་འཛིངས།

overval

བཙན་རྐོལ།

aanval

ཉེན་ཁ།

gevaar

བྲལ་སྒུར་ཕོན་སྒོ།

nooduitgang

མེ།

Brand!

མེ་གསོད་ལོ་བྱད།

brandblusser

འཕྲལ་ལ་ཉེན།

ongeval

སྨན་སློག་སྒྲོམ།

EHBO-kit

ཚེ་སྲོག་སྐྱོབས།

SOS

ཉེན་རྟོག་པ།

politie

ཡོ་རོབ།

Europa

ཨ་མེ་རི་ཀའི་བྱང་མ།

Noord-Amerika

aམེ་རི་ཀའི་ལྷོ་མ།

Zuid-Amerika

ཨ་ཧྥེ་རི་ཀ།

Afrika

ཨེ་ཤེ་ཡ།

Azië

ཨོ་སི་ཊྲེལ་ཡི་ཡ།

Australië

ནུབ་ཆེན་རྒྱ་མཚོའི་

Atlantische Oceaan

ཞི་བདེའི་

Stille Oceaan

རྒྱ་གར་རྒྱ་མཚོ།

Indische Oceaan

ལྷོ་སྨྱུའི་རྒྱ་མཚོ།

Antarctische Oceaan

བྱང་སྨྱུ་བྱང་མའི་རྒྱ་མཚོ།

Arctische Oceaan

བྱང་རྩེ།

Noordpool

 སྐྱོ་སོ།

Zuidpool

སྐྱོ་སོ་གླིང་།

Antarctica

མི་གོ་ལ།

aarde

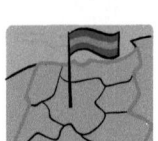

ས།

land

རྒྱ་མཚོ།

zee

གླིང་ཀ།

eiland

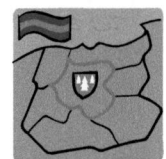

རྒྱལ་ཁབ།

natie

རྒྱལ་ཁབ།

staat

མི་གོ་ལ། - aarde

ཆུ་ཚོད།

wijzerplaat

ཆུ་ཚོད་ཀྱི་མདའ།

uurwijzer

སྐར་མདའ།

minuutwijzer

སྐར་མདའ།

secondewijzer

དུས་ཚོད་ག་ཚོད་རེད།

Hoe laat is het?

ཉིན།

dag

དུས་ཚོད།

tijd

ད་ལྟ།

nu

མཛུབ་འབྲིབས་ཅན་གྱི་ཆུ་ཚོད

digitale horloge

སྐར་མ།

minuut

དུས་ཚོད།

uur

week

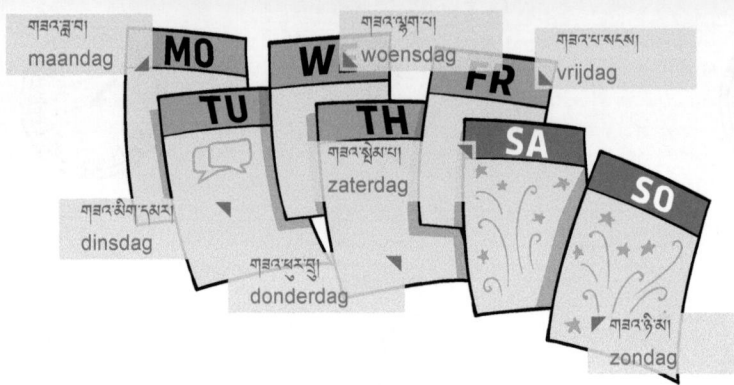

གཟའ་ཟླ་བ།
maandag

གཟའ་ལྷག་པ།
woensdag

གཟའ་པ་སངས།
vrijdag

གཟའ་མིག་དམར།
dinsdag

གཟའ་སྤེན་པ།
zaterdag

གཟའ་ཕུར་བུ།
donderdag

གཟའ་ཉི་མ།
zondag

ཁ་སང་།
....
gisteren

དེ་རིང་།
....
vandaag

སང་ཉིན།
....
morgen

ཞོགས་པ།
....
ochtend

ཉིན་དགུང་།
....
middag

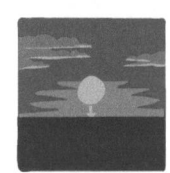

དགོངས་མོ།
....
avond

MO	TU	WE	TH	FR	SA	SU
1	2	3	4	5	6	7
8	9	10	11	12	13	14
15	16	17	18	19	20	21
22	23	24	25	26	27	28
29	30	31	1	2	3	4

ལས་གཉེར་ཉིན་མོ།
....
werkdagen

MO	TU	WE	TH	FR	SA	SU
1	2	3	4	5	6	7
8	9	10	11	12	13	14
15	16	17	18	19	20	21
22	23	24	25	26	27	28
29	30	31	1	2	3	4

བདུན་ཕྲག་གི་མཇུག་འཚོག
....
weekend

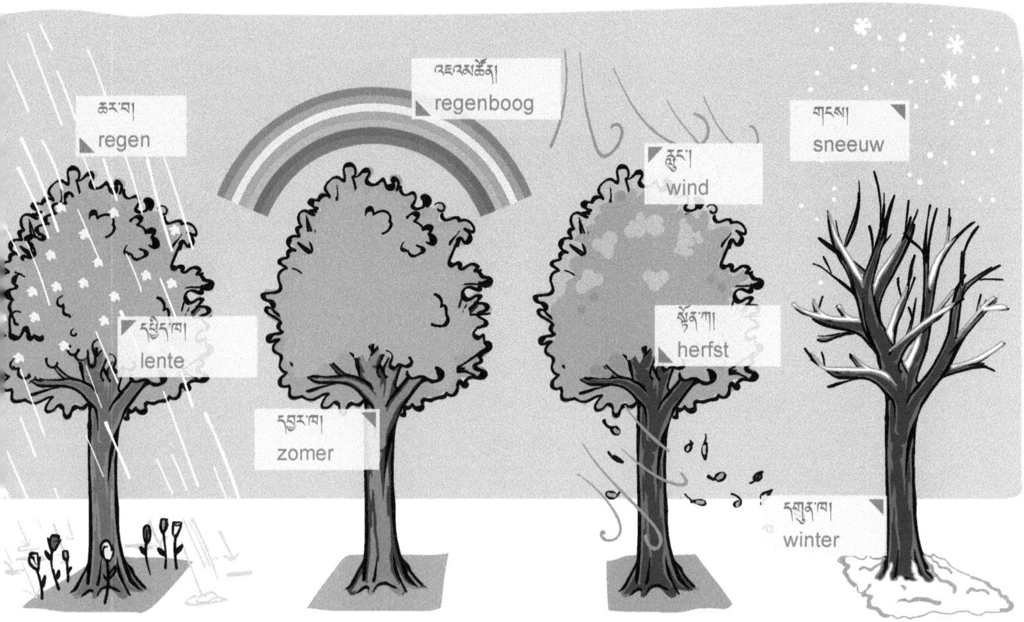

jaar

ཆར་བ།
regen

འཇའ་ཚོན།
regenboog

གངས།
sneeuw

རླུང་།
wind

དཔྱིད་ཁ།
lente

སྟོན་ཁ།
herfst

དབྱར་ཁ།
zomer

དགུན་ཁ།
winter

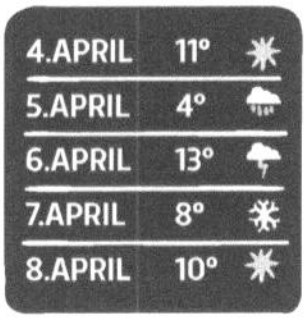

4.APRIL	11°	☀
5.APRIL	4°	☁
6.APRIL	13°	☂
7.APRIL	8°	☀
8.APRIL	10°	☀

གནམ་གཤིས་སྔོན་བརྡ།

weervoorspelling

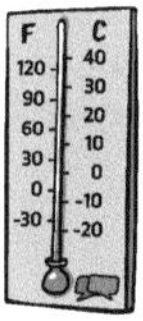

དྲོད་ཚད་རྩིས་ཆས།

thermometer

ཉི་འོད།

zonneschijn

སྤྲིན།

wolk

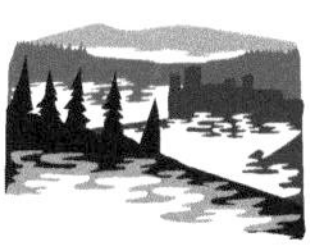

སྨུག་པ།

mist

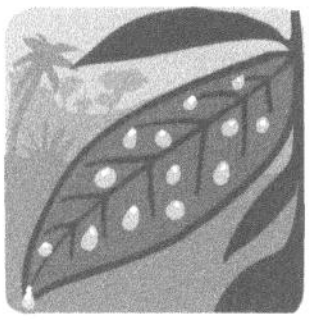

བརླན་ཚོད།

vochtigheid

སྲོག

bliksem

འབྲུག་སྐད།

donder

རླུང་འཚུབ།

storm

སེར་བ།

hagel

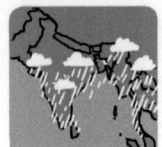

དུས་ཆུར།

moesson

ཆུ་ལོག

overstroming

འཁྱགས་པ་

ijs

སྤྱི་ཟླ་དང་པོ།

januari

སྤྱི་ཟླ་གཉིས་པ།

februari

སྤྱི་ཟླ་གསུམ་པ།

maart

སྤྱི་ཟླ་བཞི་པ།

april

སྤྱི་ཟླ་ལྔ་པ།

mei

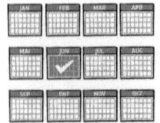

སྤྱི་ཟླ་དྲུག་པ།

juni

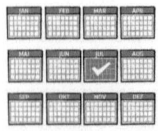

སྤྱི་ཟླ་བདུན་པ།

juli

སྤྱི་ཟླ་བརྒྱད་པ།

augustus

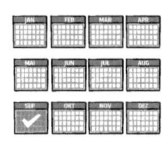

 སྤྱི་ཟླ་དགུ་པ།
september

སྤྱི་ཟླ་བཅུ་པ།
oktober

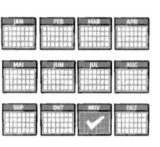

སྤྱི་ཟླ་བཅུ་གཅིག་པ།
november

སྤྱི་ཟླ་བཅུ་གཉིས་པ།
december

རྫས་དབྱིབས།

vormen

སྒོར་སྒོར།
cirkel

གྲུ་བཞི་མ།
kwadraat

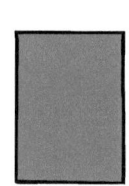

གྲུ་བཞི་རིང་མོ།
rechthoek

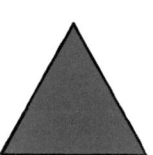

ཟུར་གསུམ་མ།
driehoek

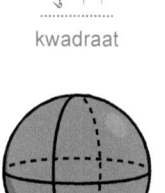

རྫས་གཟུགས།
bol

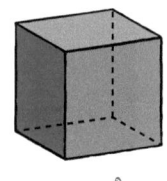

རྒྱ་དཔངས་གྲུ་བཞི་མ།
kubus

དཀར་པོ།

wit

སེར་པོ།

geel

ལི་དབང་།

oranje

ཟིང་སྐྱ།

roze

དམར་པོ།

rood

མུ་མེན་མདོག

paars

སྔོན་པོ།

blauw

ལྗང་གུ

groen

རྒྱ་སྨུག

bruin

སྐྱ་པོ།

grijs

ནག་པོ།

zwart

tegengestelden

མང་པོ་ཉུང་བ།

veel / weinig

ཁྲོ་པོ་ཞི་འཛམ་ཅན།

boos / kalm

མ་རབས་ཊ་ཁལ།

mooi / lelijk

སྒོ་བརྒྱབས་པ་མཐའ་སྐོར་ལ།

begin / einde

ཆེ་བ་ཆུང་བ།

groot / klein

འོད་སྣོ་པོ་མུན་ནག

licht / donker

ཕ་སྐྱེས་ཨ་ཅེ།

broer / zus

གཙང་མ་བཙོག་པ།

proper / vuil

ཆ་ཚང་གནས་ཆ་ཚང་བ།

volledig / onvolledig

ཉིན་མོ་མཚན་པོ།

dag / nacht

གཤིན་པོ་གསོན་པོ།

dood / levend

ཡངས་པོ་དོག་པོ།

breed / smal

ཟ་རུང་ཟ་མི་རུང་བ།

eetbaar / oneetbaar

རང་བཞིན་བཟང་།

kwaadaardig / vriendelijk

དགའ་སྤྲོ་གནན་སྤུང་སྐྱོ་སྐྱོ་བ།

opgewonden / verveeld

ཚོན་པོ་རིང་པོ།

dik / dun

དང་པོ་མཐའ་མ།

eerst / laatst

གྲོགས་པོ་དགྲ་པོ།

vriend / vijand

ཁེངས་པ་སྟོང་པ།

vol / leeg

མཁྲེགས་པོ་འཇམ་པོ།

hard / zacht

ལྕིད་པོ་ཡང་མོ།

zwaar / licht

བཀྲེས་པ་སྐོམ་པ།

honger / dorst

ནད་པ་འདི་པོ་བདེ་པོ།

ziek / gezond

ཁྲིམས་འགལ་གྱི་ཁྲིམས་ཀྱི

illegaal / legaal

རིག་པ་ཅན་སྒྲིན་པ།

intelligent / dom

གཡོན་གཡས།

links / rechts

ཉེ་པོ་ཐག་རིང་པོ།

dichtbij / veraf

གསར་པ་ད་ང་སྤོ་སོ་ང་།

nieuw / gebruikt

གང་ཡང་མིན་པ་ག་རེ་ཡིན་ན།

niets / iets

ལོ་ན་མཐོ་བ་ག་གཞོན་ན།

oud / jong

སྦྱེད་ཁས།

aan / uit

ཁ་འཕྱེད་ནས་ཡོད་པའི་ཁ་བཅད་ནས་ཡོད་པའི།

open / dicht

ཁུ་སིམ་པོ་སྐྲ་ཆེན་པོ།

stil / luid

ཕྱུག་པོ་སྐྱོ་པོ།

rijk / arm

ཤེས་རེག་ནོར་བ།

juist / fout

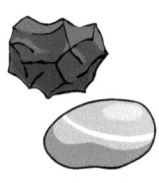

རྩུབ་པོ་འཇམ་པོ།

ruw / glad

ཡིད་སྐྱོ་བའི་དགའ་པོ།

droevig / blij

ཐུང་བ་རིང་བ།

kort / lang

དལ་བ་སྒྱུར་བ།

traag / snel

རློན་པ་སྐམ་པོ།

nat / droog

དྲོན་པོ་གྲང་མོ།

warm / koud

འཐབ་པ།

oorlog / vrede

cijfers

0

ཀླད་ཀོར།
....
nul

1

གཅིག
....
één

2

གཉིས།
....
twee

3

གསུམ།
....
drie

4

བཞི།
....
vier

5

ལྔ།
....
vijf

6

དྲུག
....
zes

7

བདུན།
....
zeven

8

བརྒྱད།
....
acht

9

དགུ
....
negen

10

བཅུ།
....
tien

11

བཅུ་གཅིག
....
elf

12

བཅུ་གཉིས།

twaalf

13

བཅུ་གསུམ།

dertien

14

བཅུ་བཞི།

veertien

15

བཅོ་ལྔ།

vijftien

16

བཅུ་དྲུག

zestien

17

བཅུ་བདུན།

zeventien

18

བཅོ་བརྒྱད།

achtien

19

བཅུ་དགུ

negentien

20

ཉི་ཤུ།

twintig

100

བརྒྱ།

honderd

1.000

སྟོང་།

duizend

1.000.000

ས་ཡ།

miljoen

དབྱིན་སྐད།

Engels

ཨ་རིའི་དབྱིན་སྐད།

Amerikaans Engels

རྒྱི་སྐད།

Chinees (Mandarijn)

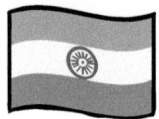

ཧིན་དི།

Hindi

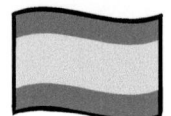

སི་པེན་གྱི་སྐད་རིགས།

Spaans

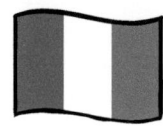

ཕ་རན་སིའི་སྐད་རིགས།

Frans

ཨ་རབ་ཀྱི་སྐད་རིགས།

Arabisch

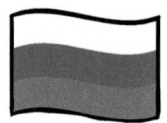

ཨུ་རུ་སུའི་སྐད་རིགས།

Russisch

ཕོར་ཐུག་ཀལ་གྱི་སྐད་རིགས།

Portugees

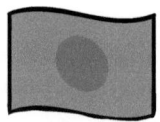

སྦུང་གྷ་ལ་སྐད་རིགས།

Bengali

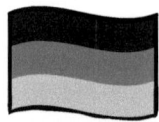

འཇར་མན་སྐད་རིགས

Duits

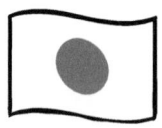

ཇར་པན་སྐད་རིགས།

Japans

ང།

ik

ཁྱེད་རང་།

u

ཁོ་མོ་འདི།

hij / zij / het

ང་ཚོ།

wij

ཁྱེད་ཚོ།

u

ཁོ་ཚོ།

ze

སུ།

wie?

ག་རེ།

wat?

ག་འདྲ།

hoe?

ག་བ།

waar?

ག་དུས།

wanneer?

མིང་།

naam

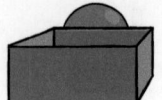

རྒྱབ་ན།

achter

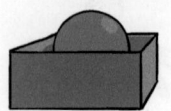

ནང་ན།

in

མདུན་ན།

voor

སྟེང་ན།

boven

སྟེང་ན།

op

འོག་ན།

onder

འགྲམ་དུ།

naast

བར་དུ།

tussen

ས་གནས།

plaats